全国职业培训推荐教材
人力资源和社会保障部教材办公室评审通过
适合于职业技能短期培训使用

汽车修理基本技能
（第二版）

主编 鲁植雄 钱生越

中国劳动社会保障出版社

图书在版编目(CIP)数据

汽车修理基本技能/鲁植雄，钱生越主编. --2版. --北京：中国劳动社会保障出版社，2018

职业技能短期培训教材

ISBN 978-7-5167-3408-7

Ⅰ.①汽… Ⅱ.①鲁…②钱… Ⅲ.①汽车-车辆修理-教材 Ⅳ.①U472.4

中国版本图书馆CIP数据核字(2018)第091137号

中国劳动社会保障出版社出版发行

(北京市惠新东街1号 邮政编码：100029)

*

北京谊兴印刷有限公司印刷装订 新华书店经销

850毫米×1168毫米 32开本 6.75印张 167千字

2018年5月第2版 2021年10月第6次印刷

定价：15.00元

读者服务部电话：(010)64929211/84209101/64921644

营销中心电话：(010)64962347

出版社网址：http://www.class.com.cn

版权专有 侵权必究

如有印装差错，请与本社联系调换：(010)81211666

我社将与版权执法机关配合，大力打击盗印、销售和使用盗版图书活动，敬请广大读者协助举报，经查实将给予举报者奖励。

举报电话：(010)64954652

前言

职业技能培训是提高劳动者知识与技能水平、增强劳动者就业能力的有效措施。职业技能短期培训，能够在短期内使受培训者掌握一门技能，达到上岗要求，顺利实现就业。

为了适应开展职业技能短期培训的需要，促进短期培训向规范化发展，提高培训质量，中国劳动社会保障出版社组织编写了职业技能短期培训系列教材，涉及二产和三产百余种职业（工种）。在组织编写教材的过程中，以相应职业（工种）的国家职业标准和岗位要求为依据，并力求使教材具有以下特点：

短。教材适合 15~30 天的短期培训，在较短的时间内，让受培训者掌握一种技能，从而实现就业。

薄。教材厚度薄，字数一般在 10 万字左右。教材中只讲述必要的知识和技能，不详细介绍有关的理论，避免多而全，强调有用和实用，从而将最有效的技能传授给受培训者。

易。内容通俗，图文并茂，容易学习和掌握。教材以技能操作和技能培养为主线，以图文相结合的方式，通过实例，一步步地介绍各项操作技能，便于学习、理解和对照操作。

这套教材适合于各级各类职业学校、职业培训机构在开展职业技能短期培训时使用。欢迎职业学校、培训机构和读者对教材中存在的不足之处提出宝贵意见和建议。

人力资源和社会保障部教材办公室

简介

本书按照全新模式编写，在第一版基础上，参考《汽车修理工国家职业标准》对内容重新组织，本着"以就业为导向，重在培养能力"，以初级汽车修理工的应知应会标准编写。

本书全面系统地介绍了初级汽车修理工应掌握的基本技能和操作要点。全书共分五个单元，分别介绍了汽车修理工具的识别与使用、汽车发动机的维护、汽车底盘的维护、汽车电气设备的维护、汽车常见故障的诊断等内容。

本书从当前汽车修理岗位实际需要出发，针对职业技能短期培训学员的特点，基本不涉及高深的专业知识，强化了技能的通用性和实用性。全书语言通俗易懂，图文并茂，只要按照本书的指引，通过培训和自己的努力训练，很快就可以掌握汽车修理的基本技能和操作技巧，成为一名合格的汽车修理工。本书也适合汽车修理工在岗自学参考，以进一步提高汽车修理操作技能。

本书由鲁植雄、钱生越主编，参加本书编写的还有陆凯、鲁杨、骆光炬、程准、钱煜等。

目录

第一单元　汽车修理工具的识别与使用 ……………（1）

　模块一　扳手的识别与使用 ……………………（1）

　模块二　旋具的识别与使用 ……………………（5）

　模块三　手锤和手钳的识别与使用 ……………（7）

　模块四　拉器与安装器的识别与使用 …………（11）

　模块五　钢直尺与卡钳的识别与使用 …………（13）

　模块六　角尺与塞尺的识别与使用 ……………（17）

　模块七　游标卡尺的识别与使用 ………………（19）

　模块八　千分尺的识别与使用 …………………（26）

　模块九　百分表的识别与使用 …………………（30）

　模块十　汽缸压力表的识别与使用 ……………（33）

　模块十一　万用表的识别与使用 ………………（35）

　模块十二　举升机的识别与使用 ………………（38）

　模块十三　故障诊断仪的识别与使用 …………（42）

第二单元　汽车发动机的维护 ……………………（46）

　模块一　发动机进气系统的维护 ………………（46）

　模块二　发动机冷却系统的维护 ………………（48）

　模块三　发动机润滑系统的维护 ………………（53）

　模块四　发动机配气机构的维护 ………………（59）

　模块五　发动机点火系统的维护 ………………（67）

　模块六　汽油发动机供油系统的维护 …………（77）

　模块七　柴油发动机供油系统的维护 …………（89）

· Ⅰ ·

模块八　起动系统的维护 …………………………………（91）

第三单元　汽车底盘的维护 ………………………………（100）

　　模块一　离合器的维护 …………………………………（100）

　　模块二　手动变速器的维护 ……………………………（104）

　　模块三　自动变速器的维护 ……………………………（109）

　　模块四　万向传动轴的维护 ……………………………（117）

　　模块五　驱动桥的维护 …………………………………（120）

　　模块六　转向系统的维护 ………………………………（122）

　　模块七　制动系统的维护 ………………………………（128）

　　模块八　行驶系统的维护 ………………………………（134）

第四单元　汽车电气设备的维护 …………………………（144）

　　模块一　供电系统的维护 ………………………………（144）

　　模块二　灯光系统的维护 ………………………………（158）

　　模块三　空调系统的维护 ………………………………（162）

第五单元　汽车常见故障的诊断 …………………………（175）

　　模块一　汽车故障的诊断方法 …………………………（175）

　　模块二　汽车发动机常见故障的诊断 …………………（180）

　　模块三　汽车底盘常见故障的诊断 ……………………（188）

　　模块四　汽车电气设备常见故障的诊断 ………………（198）

培训大纲建议 ………………………………………………（203）

参考文献 ……………………………………………………（210）

第一单元　汽车修理工具的识别与使用

汽车修理工常需要使用的工具主要有扳手、旋具、手锤、手钳、拉器、钢直尺、卡钳、角尺、塞尺、游标卡尺、百分表、千分尺、汽缸压力表、万用表、举升机、解码仪等。

模块一　扳手的识别与使用

一、扳手的识别

汽车修理工常使用的扳手主要有开口扳手、梅花扳手、活动扳手、套筒扳手、扭力扳手、内六角扳手等。

1. 开口扳手

开口扳手是最常见的一种扳手，又称呆扳手，如图1—1所示。其开口的中心平面和本体中心平面成15°角，这样既能适应人手的操作方向，又可降低对操作空间的要求。其规格是以两端开口的宽度（mm）来表示的，如8~10、12~14等；通常是成套装备，有8件一套、10件一套等；通常用45号、50号钢锻造，并经热处理。

图1—1　开口扳手

2. 梅花扳手

梅花扳手又称呆扳手，其两端是环状的，环的内孔由两个正六边形互相同心错转30°而成，如图1—2所示。使用时，扳动30°后，即可换位再套，因而适用于狭窄场合下操作。与开口扳手相比，梅花扳手强度高，使用时不易滑脱，但套上、取下不方便。其规格是以闭口尺寸（mm）来表示的，如8~10、12~14等；通常是成套装备，有8件一套、10件一套等；通常用45号、50号钢锻造，并经热处理。

图1—2 梅花扳手

3. 套筒扳手

套筒扳手的材料、环孔形状与梅花扳手相同，适用于拆装位置狭窄或需要一定扭矩的螺栓或螺母，如图1—3所示。套筒扳手主要由套筒头、手柄、棘轮手柄、快速摇柄、接头和接杆等组成，各种手柄适用于各种不同的场合，以操作方便或提高效率为原则，常用套筒扳手的规格是10~32 mm。在汽车维修中还采用了许多专用套筒扳手，如火花塞套筒、轮毂套筒、轮胎螺母套筒等。

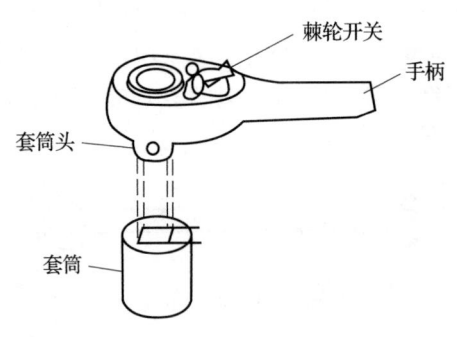

图1—3 套筒扳手

4. 活动扳手

活动扳手的开口尺寸能在一定的范围内任意调整,使用场合与开口扳手相同,但操作起来不太灵活,如图1—4所示。其规格是以最大开口宽度(mm)来表示的,常用的有150 mm、300 mm等,通常是由碳素钢(T)或铬钢(Cr)制成的。

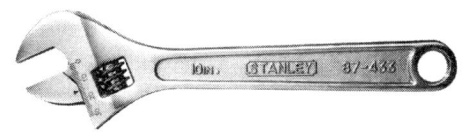

图1—4　活动扳手

5. 扭力扳手

扭力扳手是一种可读出所施转矩大小的专用工具,如图1—5所示。其规格是以最大可测扭矩来划分的。扭力扳手除用来控制螺纹件旋紧力矩外,还可以用来测量旋转件的起动转矩,以检查配合、装配情况。

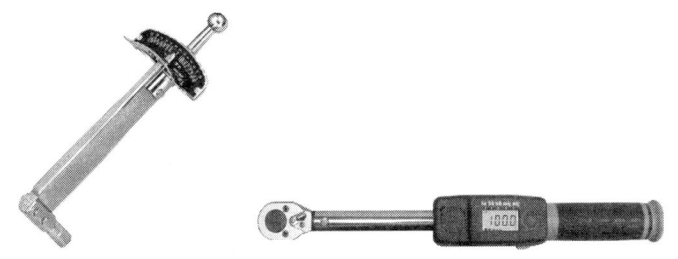

图1—5　扭力扳手

6. 内六角扳手

内六角扳手是用来拆装内六角螺栓(螺塞)的,如图1—6所示。规格以六角形对边尺寸表示,有3～27 mm尺寸的13种,汽车维修作业中使用成套内六角扳手拆装M4～M30的内六角螺栓。

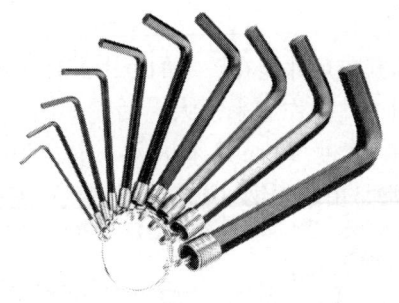

图 1—6　内六角扳手

二、扳手的使用

（1）所选用的扳手的开口尺寸必须与螺栓或螺母的尺寸相符合，扳手开口过大易滑脱并损伤螺纹件的六角。在进口汽车维修中，应注意扳手公/英制的选择。各类扳手的选用原则：一般优先选用套筒扳手，其次为梅花扳手，再次为开口扳手，最后选活动扳手。

（2）如图 1—7 所示，为防止扳手损坏和滑脱，应使拉力作用在开口较厚的一边，这一点在使用受力较大的活动扳手时尤其应该注意，以防开口出现"八"字形，损坏螺母和扳手。

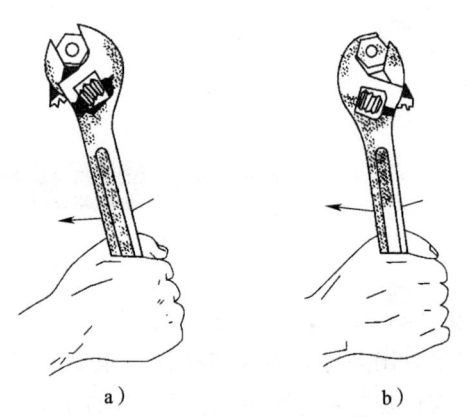

图 1—7　扳手的使用方法
a）正确　b）错误

(3) 普通扳手是按人手的力量来设计的，遇到较紧的螺纹件时，不能用手锤击打扳手；除套筒扳手外，其他扳手都不能套装加力杆，以防损坏扳手或螺纹件。

(4) 梅花扳手使用时应使扳手开口与被旋拧件配合好后再用力，如果接触不好时就用力容易滑脱，使作业者身体失衡。

(5) 单头扳手只能旋拧一种尺寸的螺钉或螺母，双头扳手也只可旋拧两种尺寸的螺钉或螺母。

(6) 套筒扳手在使用时也需接触好后再用力，当发现梅花套筒及扳手柄变形或有裂纹时，应停止使用，要注意随时清除套筒内的尘垢和油污。

(7) 内六角扳手使用时要注意选择合适的规格、型号，以防滑脱伤手。

模块二　旋具的识别与使用

一、旋具的识别

旋具也称螺丝刀、改锥、起子或解刀，用来紧固或拆卸螺钉。如图1—8所示，它的种类很多：按照头部形状的不同可分为一字和十字两种；按照手柄的材料和结构的不同可分为木柄、塑料柄、夹柄和金属柄四种；按照操作形式可分为自动、电动、风动等形式。

一字旋具又称平口改锥，用于旋紧或松开头部开一字槽的螺钉。一般工作部分用碳素工具钢制成，并经淬火处理。一字旋具由木柄、刀体和刃口组成，其规格以刀体部分的长

图1—8　旋具

度表示，常用的规格有 100 mm、150 mm、200 mm、300 mm 等几种，使用时，应根据螺钉沟槽的宽度选用相应的规格。

十字旋具又称十字改锥，主要用来旋转十字槽形的螺钉、木螺丝、自攻螺丝等。材料和规格与一字形旋具相同。

二、旋具的使用

用右手握持旋具，手心抵住旋具柄端，让旋具口端与螺栓（钉）槽口处于垂直吻合状态；当开始拧松或最后拧紧时，应用力将旋具压紧后再用手腕力按需要的力矩扭转旋具。当螺栓（钉）松动后，即可使手心轻压住旋具柄，用拇指、中指和食指快速扭转。

使用较长的旋具时，可用右手压紧、旋转旋具柄，左手握在旋具柄中部，防止旋具滑脱，以保证操作安全。

根据规格标准，顺时针方向旋转为嵌紧，逆时针方向旋转则为松出，如图1—9所示。

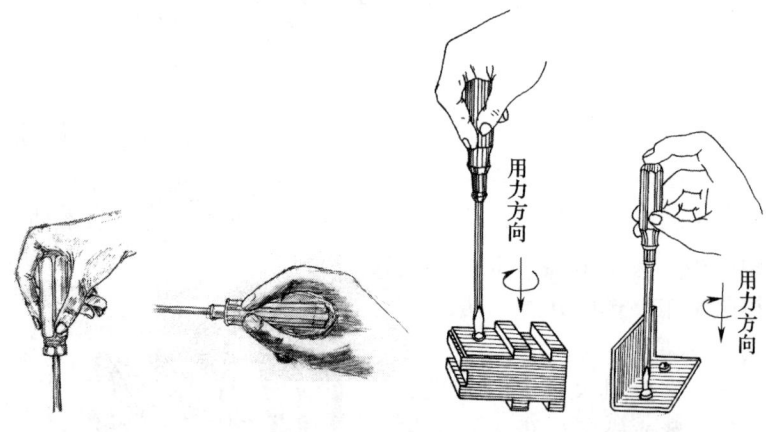

图1—9　旋具的使用

三、使用旋具的注意事项

（1）应根据旋紧或松开的螺栓钉头部的槽宽和槽形选用适当的旋具。

(2) 不能用较小的旋具去旋拧较大的螺钉。

(3) 十字旋具用于旋紧或松开头部带十字槽的螺钉。

(4) 弯头旋具用于空间受到限制的螺钉头。

(5) 旋具的刀口损坏、变钝时应随时修磨，用砂轮磨时要用水冷却，无法修补的旋具，如刀口损坏严重、变形、手柄裂开或损坏的应报废。

(6) 不要用旋具旋紧或松开握在手中零件上的螺丝钉，应将零件夹固在夹具内，以防伤人。

(7) 不可用锤击旋具手柄端部的方法撬开缝隙或剔除金属毛刺及其他的物体。

(8) 使用十字旋具时，应注意使旋杆端部与螺钉槽相吻合，否则容易损坏螺钉的十字槽。

模块三　手锤和手钳的识别与使用

一、手锤

1. 手锤的识别

手锤又称圆顶锤，如图1—10所示。其锤头一端平面略有弧度，是基本工作面，另一端是球面，用来敲击凹凸形状的零件。规格以锤头质量来表示，以0.5~0.75kg的最为常用，锤头以45号、50号钢锻造，两端工作面热处理后硬度一般为50~57HRC。

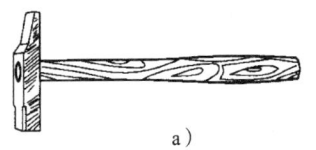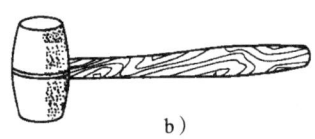

图1—10　手锤
a) 硬手锤　b) 软手锤

2. 手锤的使用

使用手锤时切记要仔细检查锤头和锤把是否楔塞牢固，握锤应握住锤把后部。挥锤的方法有手腕挥、肘部挥和手臂挥三种，手腕挥只有手腕动，锤击力小，但准、快、省力；肘部挥是用手腕与肘部一起动作，锤击力大，应用最广；手臂挥是手腕、肘和全臂一起运动，锤击力最大。正确的握锤和挥锤方法如图1—11所示。

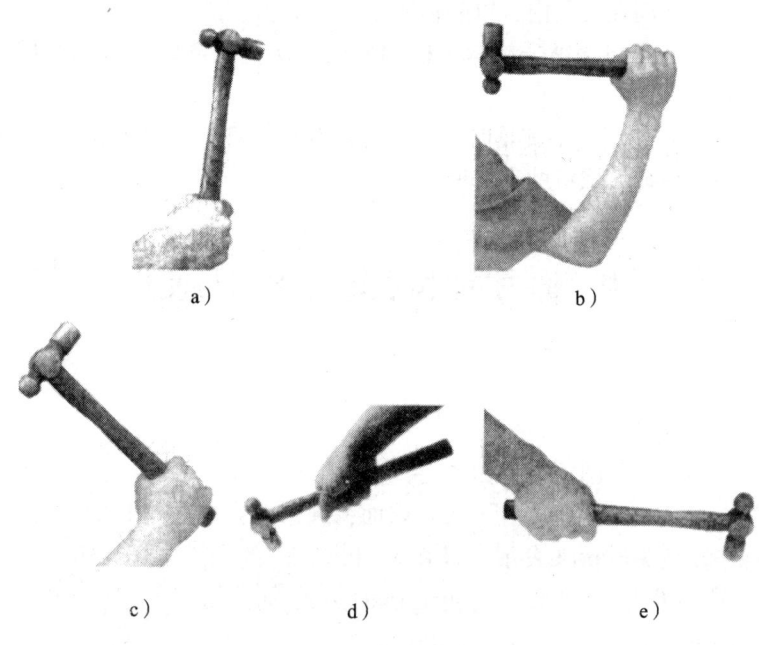

图1—11 手锤的使用方法

a）手腕挥锤　b）手臂挥锤　c）肘部挥锤　d）错误握锤　e）正确握锤

二、手钳

1. 手钳的识别

手钳是汽车修理工的常用工具，主要有鲤鱼钳、钢丝钳、尖嘴钳、剥线钳等。

(1) 鲤鱼钳。如图1—12a所示，钳头的前部是平口细齿，适用于夹捏一般小零件，中部凹口粗长，用于夹持圆柱形零件，也可以代替扳手旋小螺栓、小螺母，钳口后部的刃口可剪切金属丝。由于一片钳体上有两个互相贯通的孔，又有一个特殊的销子，所以操作时钳口的张开度可以很方便地变化，以适应夹持不同大小的零件，是汽车维修作业中使用最多的手钳。规格以钳长来表示，一般有165 mm、200 mm两种，用50钢制造。

(2) 钢丝钳。钢丝钳是一种夹钳和剪切工具，其外形如图1—12b所示。由钳头和钳柄组成，钳头包括齿口、刀口和铡口。齿口可用来紧固或拧松螺母；刀口可用来剖切软电线的橡皮或塑料绝缘层，也可用来剪切电线、钢丝；铡口可以用来切断电线、钢丝等较硬的金属线。钢丝钳的支销相对于两片钳体是固定的，因而使用时不如鲤鱼钳灵活，但剪断金属丝的效果比鲤鱼钳要好，常用的规格主要有150 mm、175 mm、200 mm三种。

(3) 尖嘴钳。尖嘴钳又叫修口钳，如图1—12c所示，因其头部细长，所以能在较小的空间工作，带刃口的能剪切细小零件，使用时不能用力太大，否则钳口头部会变形或断裂，规格以钳长来表示，常用的规格只有160 mm一种。

(4) 剥线钳。其外形如图1—12d所示，它由刀口、压线口和钳柄组成。剥线钳的钳柄上套有额定工作电压500 V的绝缘套管，适用于塑料、橡胶绝缘电线、电缆芯线的剥皮。

2. 手钳的使用

(1) 使用手钳时用右手操作。将钳口朝内侧，便于控制钳切部位，用小指伸在两钳柄中间来抵住钳柄，张开钳头，这样分开钳柄灵活。

(2) 拔出零件时用钳口的中间夹住零件，然后捏住手钳，以钳尖为支点往上用力，或者是用钳尖夹住零件，捏住手钳左右旋转往固定零件相反的方向用力。

(3) 弯折零件时直接用钳口或者钳尖捏住，用力拧就可以。

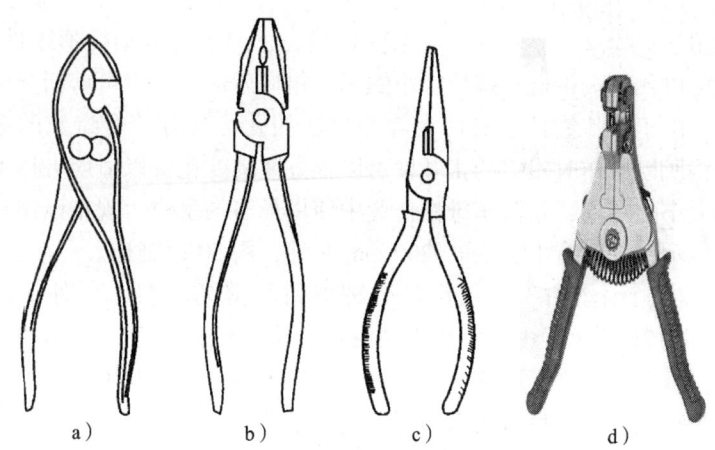

图1—12 手钳的识别
a）鲤鱼钳 b）钢丝钳 c）尖嘴钳 d）剥线钳

（4）剥线钳的使用方法：将待剥皮的线头置于钳头的刃口中，用手将两钳柄一捏，然后一松，绝缘皮便与芯线脱开。

3．手钳使用的注意事项

（1）一般情况下，手钳的强度有限，所以不能用它操作一般手钳的力量所达不到的工作。特别是型号较小的或者普通尖嘴钳，用它弯折强度大的棒料板材时都可能将钳口损坏。

（2）用正确的角度进行剪切，不能敲击手钳的手柄与钳头，或用钳刃卷曲钢丝。

（3）不要用轻型的手钳当作锤子使用，或者敲击钳柄。如果这样滥用，手钳会开裂、折断，钳刃会崩口。

（4）不要用轻型的手钳卷曲硬钢丝，如果用尖嘴钳头部弯曲太粗的钢丝，手钳会损坏。

（5）不要延长手柄的长度去获得更大的剪切力，而应使用规格更大的手钳或者断线钳。

（6）手钳不能使用在螺母和螺钉上，使用扳手效果会更好，而且不易损坏扣件。

（7）经常给手钳上润滑油，在铰链上加点润滑油既可延长使用寿命，又可确保使用时省力。

（8）剪切电线时应该佩戴护目镜以保护眼睛。

（9）手柄上的胶套是为了增加使用的舒适度而设置的，除非是特定的绝缘手柄，否则这些胶套不能防电，也不能用于带电作业。

（10）不要把手钳放在过热的地方，否则会引起退火而损坏工具。

模块四　拉器与安装器的识别与使用

一、拉器

拉器用来完成三种工作：把物体从轴上拉出；把物体从孔中拉出；把轴从物体中拉出。图1—13中的第一个例子是表示把齿轮、轮子或轴承从轴上拉出；第二个例子是表示把轴承外圈、保持架、油（密）封从孔里拉出；第三个例子是表示抓住轴并压住外壳，把轴拉出来。显然，拉器还有许多其他的应用。图1—14所示为两种常见的拉器。

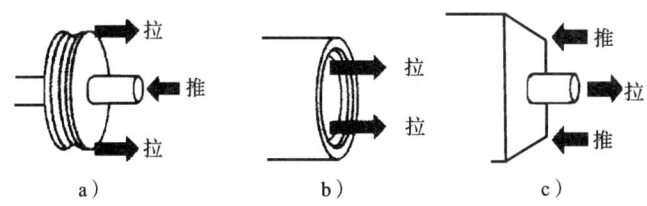

图1—13　拉器常用的三种特殊功用
a）把部件从轴上拉出　b）把部件从孔中拉出
c）把轴从一个部件上拔出

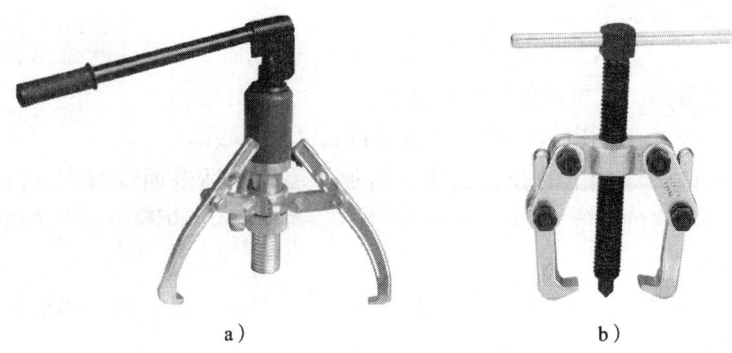

图 1—14 两种常见的拉器

a) 三爪拉器 b) 两爪拉器

二、安装器

安装衬套、轴承和密封圈是一项很困难的工作。在安装过程中,这些部件必须正确定位,甚至安装这些部件的时候必须施加一定的压力,衬套安装器可以用来完成这项工作。图 1—15 所示为安装的三个步骤,第一步:正确选择尺码的部件;第二步:组装安装器;第三步:套入衬套、轴承或密封圈内,进行安装。

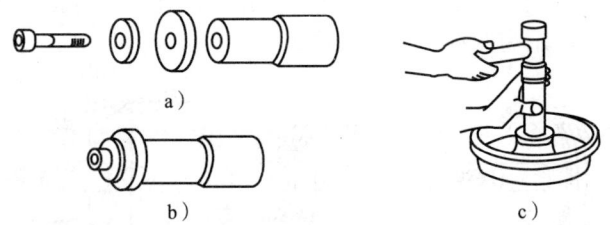

图 1—15 衬套安装器的使用

a) 选择部件 b) 组装 c) 安装衬套

模块五　钢直尺与卡钳的识别与使用

一、钢直尺

1. 钢直尺的识别

钢直尺是用不锈钢片制成的，尺面上刻有尺寸。常用的钢直尺如图1—16所示。

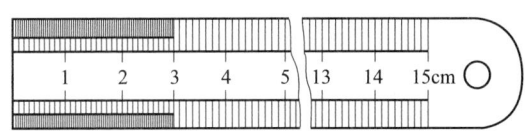

图1—16　钢直尺

钢直尺的长度规格一般有150 mm、200 mm、300 mm、500 mm四种，其测量精度一般只能达到0.2~0.5 mm。如果要用钢直尺测量零件的外径或内径尺寸，则必须与卡钳配合使用。

2. 钢直尺的使用

钢直尺必须经常保持良好的状态，不能损伤和弯曲，钢直尺的短边和长边应相互垂直，应根据零件形状灵活使用钢直尺。例如，测量方形零件时，要注意使钢直尺和零件的一边垂直，和零件的另一边平行，如图1—17a所示；测量圆柱形零件的长度时，要使钢直尺和圆柱的中心轴线平行，如图1—17b所示；测量圆柱形零件端面的外径和孔径时，要用钢直尺靠着零件端面摆动，直到读得最大数值，才是正确的直径尺寸。

用钢直尺测量零件时，可能由于尺上的刻线粗细不均匀、钢直尺在零件上的方位不对或测量者的视差等原因产生测量误差，因此，钢直尺的测量精度较低。

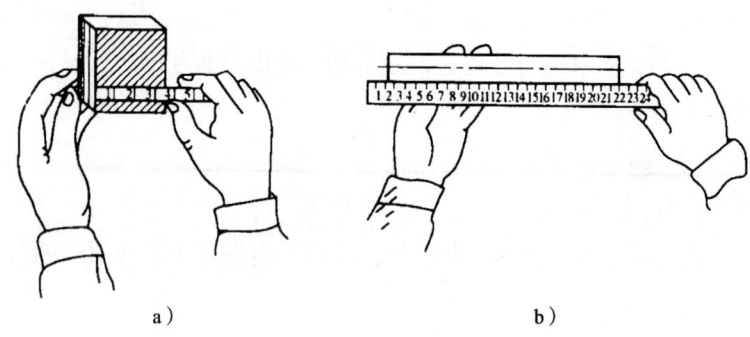

图1—17 钢直尺的使用方法

a) 方形零件测量方法 b) 圆柱形零件测量方法

二、卡钳

1. 卡钳的识别

卡钳有测外径尺寸和测内径尺寸的两种,如图1—18所示。测外径尺寸的卡钳可用于测量零件的厚度、宽度和外径等,叫作外卡钳。测内径尺寸的卡钳用于测量孔径及沟槽宽等,叫作内卡钳。卡钳一般用工具钢或不锈钢制成。

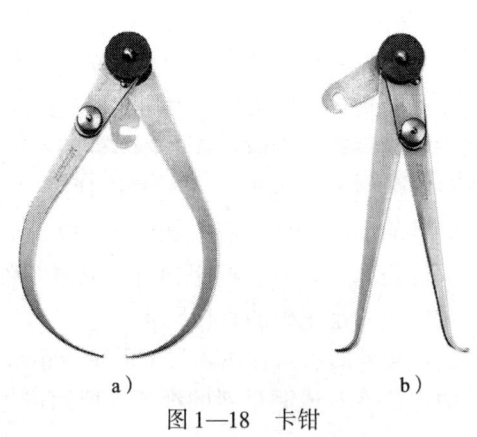

图1—18 卡钳

a) 外卡钳 b) 内卡钳

2．卡钳的使用

（1）外卡钳测量零件外径。使零件与卡钳成直角位置，用中指挑着外卡钳的叉处，并用大拇指和食指支持卡钳。测量的松紧程度以不加外力、卡钳自重下垂的状态为宜，但也应结合机件的大小来决定。

外卡钳所测得的尺寸须在钢直尺上校量后才能知道。从钢直尺上读取尺寸时应将卡钳的一脚靠在钢直尺的端面上，另一脚顺着钢直尺边缘平行地置于尺面上，并用眼睛正对钳口所指刻线，如图1—19所示。

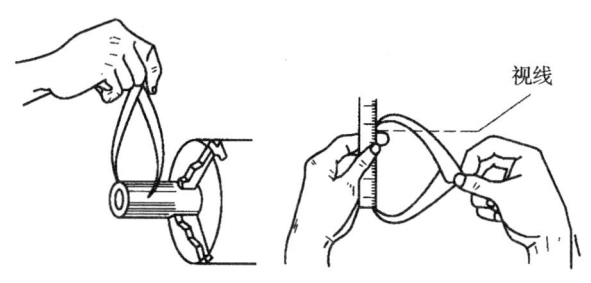

图1—19　外卡钳测量零件外径

（2）卡钳测量零件孔径。卡钳测量零件孔径时应先把卡钳的一脚靠在孔壁上作为支承点，用另一卡脚前后左右摆动进行试测，直到找出孔径的最大尺寸。

用内卡钳从钢直尺上读取尺寸的方法如图1—20所示，先将钢直尺一端靠在平面上，然后将内卡钳的一个卡脚靠在平面上，观察另一个卡脚在钢直尺刻线上的位置，然后读出尺寸。

有时将内、外卡钳同时使用，如图1—21所示，目的是核对轴径和孔径。先用外卡钳测轴的直径，再用内卡钳测孔的直径，然后将内卡钳移到外卡钳上，把内卡钳的一脚靠在外卡钳的一脚，用手指尖支持着，不使两卡钳的接触处离开，再把内卡钳的另一脚接触外卡钳的另一脚。

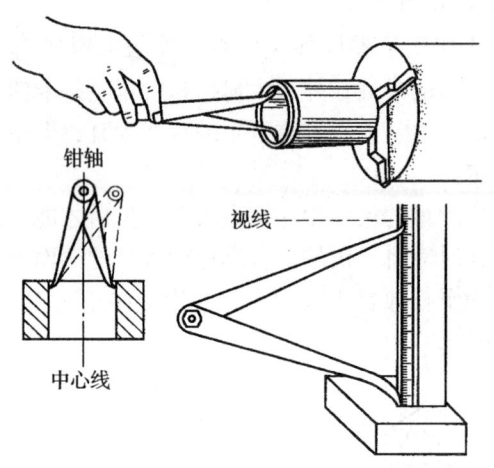

图 1—20　内卡钳测量零件孔径

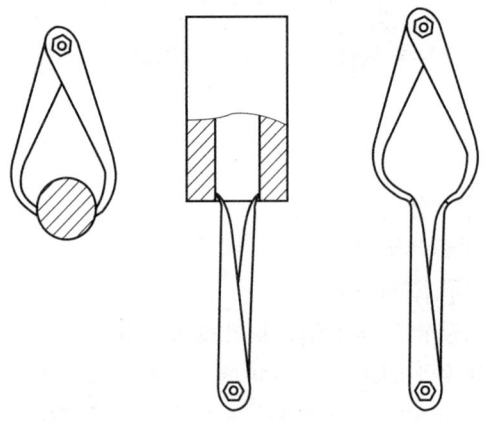

图 1—21　内、外卡钳同时使用方法

在实际工作中，多用内卡钳和游标卡尺或外径千分尺配合使用来测量孔径的实际尺寸。在使用内卡钳和外径千分尺配合测量孔径时，一般是先用外径千分尺校正卡钳的张开尺寸。卡钳张开松紧程度要求在外径千分尺尺寸加大 0.01 mm 时，卡钳脚碰不到外径千分尺的测量面,当外径千分尺尺寸缩小 0.01 mm 时,钳脚与外径千分尺测量面的接触就感觉紧,此时说明卡钳的松紧适当。测量时只需用内卡钳量得摆动量就可以判断孔径的实际偏差。

模块六 角尺与塞尺的识别与使用

一、角尺

1. 90°角尺的识别

90°角尺也叫作弯尺,如图 1—22 所示,它的内、外角两个边互相垂直。90°角尺用于检验直角、划线及安装定位,其规格用长边和短边的尺寸来表示,如 250 mm × 160 mm 的角尺就是指长边为 250 mm、短边为 160 mm 的直角尺。

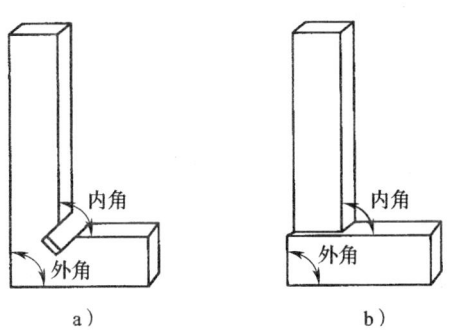

图 1—22 角尺

a) 90°角尺 b) 宽座 90°角尺

2. 90°角尺的使用

测量时先使一个尺边紧贴被测零件的基准面,根据另一尺边的透光情况来判断垂直度或与 90°角度的误差。要注意角尺不能歪斜(见图 1—23),否则会影响测量效果。

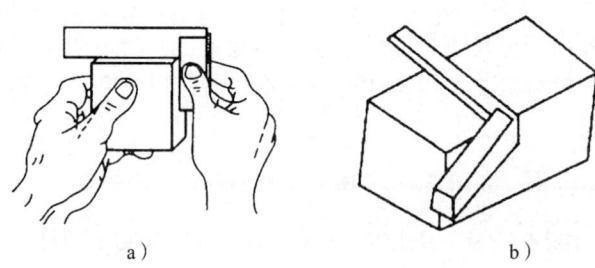

图1—23 用角尺测量零件的垂直度误差

a）正确 b）不正确

二、塞尺

1. 塞尺的识别

塞尺也叫厚薄规或间隙规，它是由一组薄钢片，把一端钉在一起构成的。每片上都刻有自身厚度的尺寸，如图1—24所示。汽车修理工经常用它测量配合零件间的间隙大小，或用它与平尺、等高垫块配合，检验工作台台面的平面度误差。它的工作尺寸一般为 0.02 mm、0.03 mm、…、1.0 mm，测量精度为 0.01 mm。

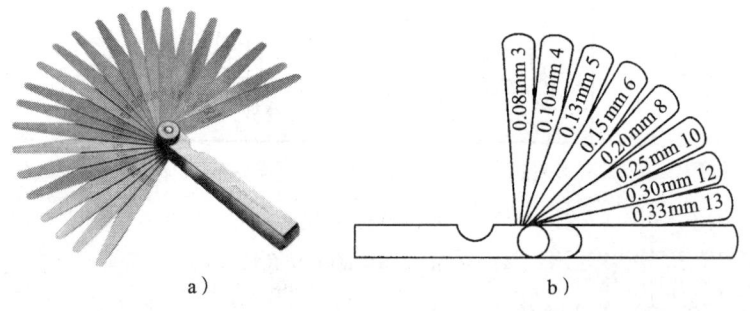

图1—24 塞尺

a）外形 b）组成

2. 塞尺的使用

使用塞尺检验间隙时要先用较薄的试塞，逐步加厚或组合数片进行测定。图1—25所示为用塞尺配合90°角尺检测零件垂直度的情况。塞尺可单片使用，也可多片叠起来使用，但在满足所需尺寸的前提下，片数越少越好。塞尺容易弯曲和折断，测量时不能用力太大，也不能测量温度较高的零件，用完后要擦拭干净，并及时合到夹板中。

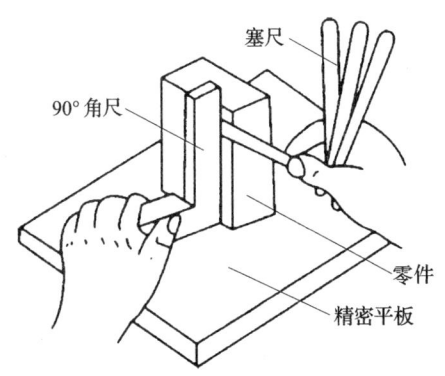

图1—25 塞尺配合90°角尺检测零件垂直度

模块七 游标卡尺的识别与使用

一、游标卡尺的识别

游标卡尺是一种比较精密的量具，结构简单，可以直接测量出零件的内径、外径、长度和深度等，游标卡尺按测量精度可分为0.10 mm、0.05 mm、0.02 mm三个量级，按测量尺寸范围有0~125 mm、0~150 mm、0~200 mm、0~300 mm等多种规格，使用时根据零件精度要求及零件尺寸大小进行选择。

常见游标卡尺的结构如图1—26所示,它由主尺、副尺、卡爪及紧固螺钉组成。内、外固定卡爪与主尺制成一整体,而内、外活动卡爪与副尺(即游标尺)制成一体,并可在主尺上滑动。主尺上的刻度公制的每格为1 mm,副尺上的刻度每格不足1 mm。当两个卡爪合拢时,主、副尺上的零线应相重合。在两卡爪分开时,主、副尺刻线即相对错动。测量时根据主、副尺的错动位置即可在主尺上读出毫米整数,在副尺上读出毫米小数。紧固螺钉可使副尺固定在主尺某一位置,以便读数。

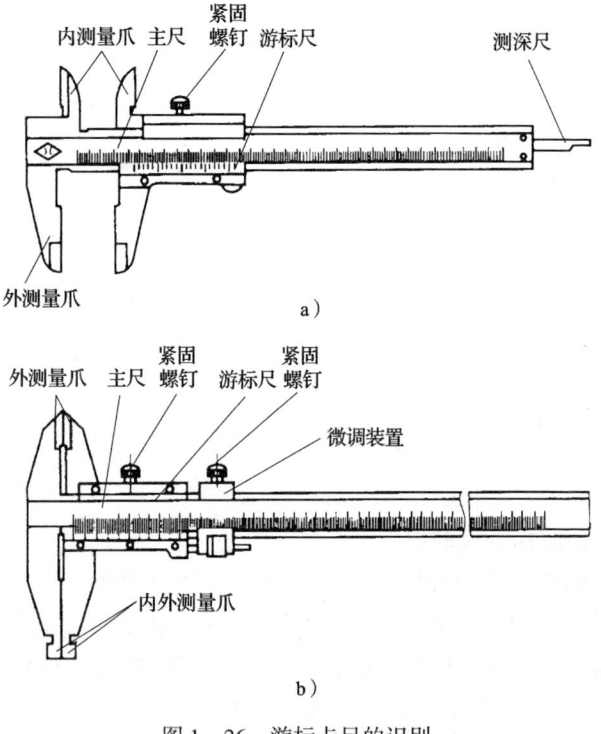

图1—26 游标卡尺的识别
a) 带深度尺 b) 不带深度尺

二、游标卡尺的刻线原理与读数方法

游标卡尺按其计数值不同一般分为 0.1 mm、0.05 mm 和 0.02 mm 三种测量精度。这三种游标卡尺的刻线原理有所不同,对应的计数方法也有一定的差别。

1. 0.1 mm 游标卡尺的刻线原理与读数方法

读数值为 0.1 mm 游标卡尺的尺身上每小格为 1 mm,当两量爪合并时,尺身上 9 mm 等于游标上 10 格,如图 1—27a 所示,则游标每格 = 9÷10 = 0.9(mm),尺身与游标每格相差 = 1 - 0.9 = 0.1(mm)。

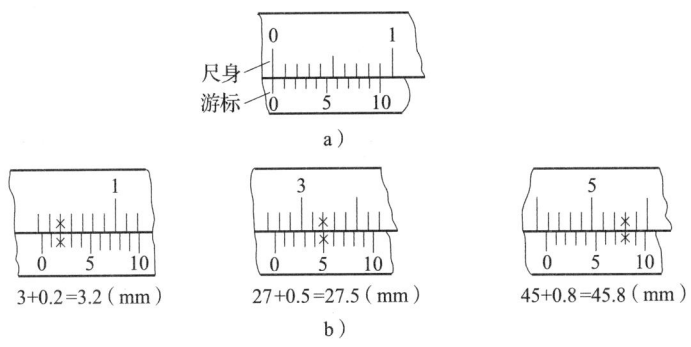

图 1—27　0.1 mm 游标卡尺刻线原理与读数方法
a) 刻线原理　b) 读数方法

读数值为 0.1 mm 的另一种刻线原理是尺身上 19 mm 对准游标的 10 格,则游标每格 = 19÷10 = 1.9(mm)。尺身上两格与游标一格相差 = 2 - 1.9 = 0.1(mm)。这种刻线方法的优点就是放大刻度使线条清晰,容易看准。

用游标卡尺测量零件时,读数分三个步骤:

第一步,读出尺身上的整数尺寸,即左侧尺身上的毫米整数值。

第二步,读出游标上的小数尺寸,即找出游标上哪一条刻线与尺身上刻线对齐,该游标刻线的次序数乘以该游标卡尺的读数值,即得到毫米内的小数值。

第三步,把尺身上和游标上的两个数值相加。

图1—27b所示是读数值为0.1 mm游标卡尺所表示的尺寸。

2. 0.05 mm游标卡尺的刻线原理与读数方法

读数值为0.05 mm游标卡尺的尺身上每小格为1 mm,当两量爪合并时,尺身上的19 mm刚好等于游标上的20格,如图1—28a所示,则游标上每格=19÷20=0.95(mm),尺身与游标上每格相差=1-0.95=0.05(mm)。图1—28b所示是读数值为0.05 mm游标卡尺所表示的尺寸。

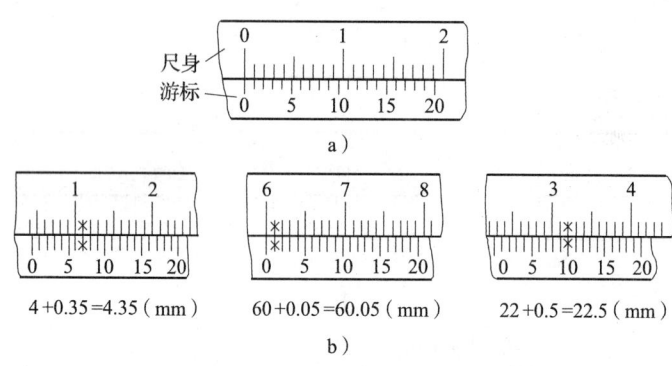

图1—28 0.05 mm游标卡尺刻线原理与读数方法
a)刻线原理 b)读数方法

3. 0.02 mm游标卡尺的刻线原理与读数方法

读数值为0.02 mm游标卡尺的尺身上每小格为1 mm,当两量爪合并时,尺身上的49 mm刚好等于游标上50格,如图1—29a所示,则游标上每格=49÷50=0.98(mm),尺身与游标上每格相差=1-0.98=0.02(mm)。图1—29b所示是读数值为0.02 mm游标卡尺所表示的尺寸。

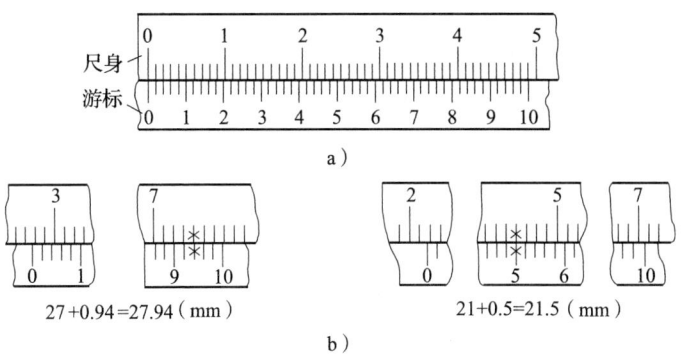

图1—29 0.02 mm游标卡尺刻线原理与读数方法
a) 刻线原理 b) 读数方法

三、游标卡尺的使用方法

1. **测量零件外部尺寸**

测量零件外部尺寸时,先把零件放在两个张开的卡爪内,贴靠在固定卡爪上,然后用轻微的压力,把活动卡爪推过去(指没有微动调节螺母的卡尺),当两个卡爪的测量面与零件表面紧靠时,即可由卡尺上读出零件的尺寸,如图1—30a所示。

如图1—30b所示,使用带有微动调节螺母的卡尺时,零件放入后先轻推滑动游标框至两卡爪接近零件,然后先拧紧固定螺钉,使滑块不再滑动,再转动调节螺母使活动卡爪慢慢地接近零件,直到完全紧靠时再读出数值。

2. **测量零件内部尺寸**

如图1—31所示,在测量零件内部尺寸时,要使两卡爪的测量刃口距离小于所测量的孔径或槽的尺寸,然后慢慢地使活动卡爪向外分开,当两个测量刃口都与零件表面接触后,须把紧固螺钉拧紧再取出卡尺读取数值。

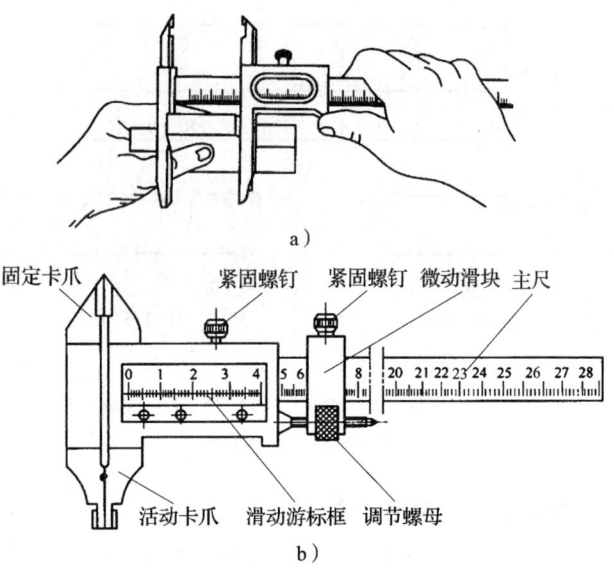

图1—30 测量零件外部尺寸

a）不带微动调节螺母游标卡尺 b）带微动调节螺母游标卡尺

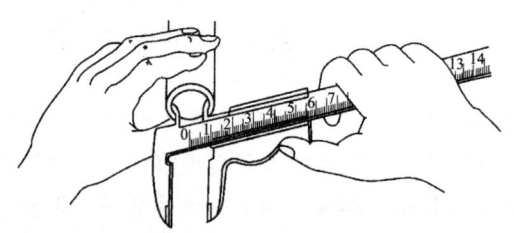

图1—31 用游标卡尺测量零件内部尺寸的方法

如用卡尺测量内部尺寸，应加上两个内卡爪的厚度才是零件的实际尺寸，两个卡爪的厚度一般为10 mm。从孔内或槽内取出卡脚时，要顺着内壁滑出，不可歪斜，否则会使卡爪损伤变形或造成不必要的磨损，同时还容易使已经固定好的游标框移动，影响读数的准确性。

3. 测量零件深度

如图1—32所示，当用带有测深杆的游标卡尺测量零件深度时，卡尺要与零件孔（或槽）的顶平面保持垂直，再向下移动活动卡爪，使测深尺和孔（或槽）底部轻轻地接触，然后拧紧紧固螺钉，取出卡尺读取数值。

4. 使用游标卡尺的注意事项

（1）检查零线。使用前应先擦净卡尺，合拢卡爪，检查主尺和游标的零线是否对齐。如不齐，应交计量部门检修。

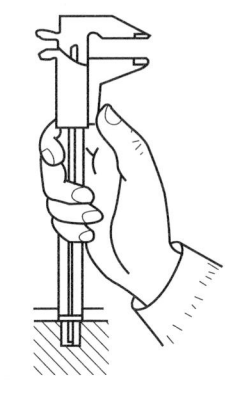

图1—32 用游标卡尺测量零件深度的方法

（2）放正卡尺。测量内外圆时，卡尺垂直于零件轴线，两卡爪处于直径处。

（3）用力适当。当卡爪与零件被测量面接触时，用力不能过大，否则会使卡爪变形，加速卡爪的磨损，使测量精度下降。

（4）读数时视线要对准所读刻线并垂直于尺面，否则读数不准。

（5）防止松动。在未读出读数之前必须先将游标卡尺上的紧固螺钉拧紧，再使游标卡尺离开零件表面。

（6）不得用游标卡尺测量毛坯表面和正在运动的零件。

（7）在副尺上读取数值时，应把卡尺拿平朝向光亮，如图1—33所示，使视线尽可能地与刻线垂直，以免因视线歪斜造成读数误差。为了减少读数的误差，最好在零件的同一位置上多测量几次，取读数的平均值。

（8）在测量零件外径、孔径或沟槽时，卡爪要放正，不能歪斜。应当在垂直于零件轴线的平面内进行测量，否则测量值误差较大。

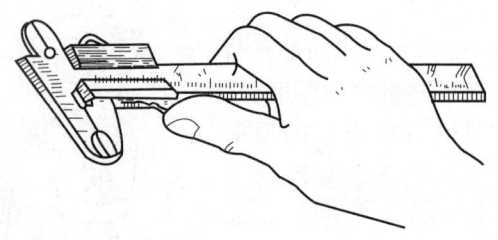

图1—33 读取数值时游标卡尺的拿法

（9）用大卡尺测量大零件时，须用两手拿住卡尺，如图1—34所示。

图1—34 用游标卡尺测量较大零件时的卡尺拿法

模块八 千分尺的识别与使用

一、千分尺的识别

千分尺是用微分套筒读数的示值为0.01 mm的测量工具，测量精度比游标卡尺高。按照用途可将千分尺分为外径千分尺、内径千分尺和深度千分尺三种，其中最常用的是外径千分尺。

外径千分尺用来测量零件的外径、长度和厚度等，按测量范围分有0~0.25 mm、25~50 mm、50~75 mm等多种规格。

外径千分尺由弓架、测轴螺杆等组成，如图1—35所示。螺杆是右旋螺纹，螺距为0.5 mm，也有1 mm螺距的螺杆，螺杆的一端是圆柱测量杆，经淬硬并磨光，装在弓架上的固定套筒内，它的端面和砧座量面平行。

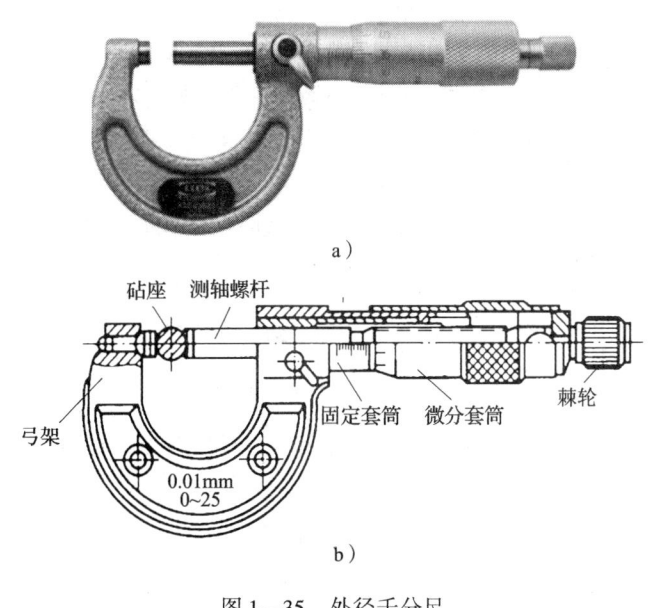

图1—35 外径千分尺
a) 外形 b) 结构

固定套筒一端与弓架相连，另一端有内螺纹，可与螺杆相配合，使螺杆在旋转过程中能同时轴向移动。固定套筒外面有尺寸刻线，刻线间距为1 mm，中间两侧的刻线相错半格（0.5 mm）。

微分套筒套在固定套筒上，并与测轴螺杆相连，当螺杆旋转时，微分套筒可在固定套筒上移动。在微分套筒的锥面上有圆周等分刻线。当螺杆螺距是0.5 mm时，成50等分；当螺杆螺距是1 mm时，成100等分，所以微分套筒每转一格，螺杆轴向移动0.01 mm。

在螺杆的另一端装有摩擦棘轮，棘轮旋转时带动螺杆转动，直到螺杆的测量面紧贴零件，螺杆停止转动，如再旋转棘轮就会发出响声,此时表示已与测量面接触并达到适当的测量力。

二、千分尺的读数方法

千分尺的固定套筒一格为 0.5 mm,而微分套筒上每一格为 0.01 mm,千分尺的具体读数方法可分如下三步:

(1) 读出固定套筒上露出刻线的毫米及半毫米数。

(2) 看微分套筒上哪一格与固定套筒上基准线对齐,并读出不足半毫米的小数部分。

(3) 将两个读数相加即为测得的实际尺寸,如图 1—36 所示。

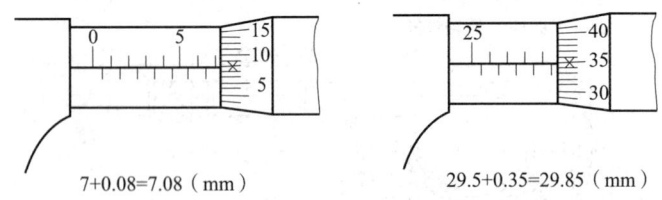

7+0.08=7.08(mm)　　　29.5+0.35=29.85(mm)

图 1—36　千分尺的读数方法

三、千分尺的使用

(1) 测量前应检查零位的准确性。

(2) 测量时千分尺的测量面和零件的被测量表面应擦拭干净,以保证测量正确。

(3) 千分尺可单手或双手握持对零件进行测量,如图 1—37 所示。单手测量时旋转力要适当,控制好测量力。双手测量时,先转动微分套筒,当测量面刚接触零件表面时再改用棘轮。

(4) 测量平面尺寸时,一般测量零件四角和中间共五点,狭长平面测两头和中间共三点,如图 1—38 所示。

(5) 读取尺寸时最好不从零件上取下千分尺读数,因为这样容易使千分尺的测量面磨损,失去精度。读取尺寸时要防止在套筒上多读了半格或少读了半格。

(6) 测量时,千分尺的测轴中心线要与零件的被测长度方向相互平行,不要歪斜。当测量小零件时,必须使用左手握着零

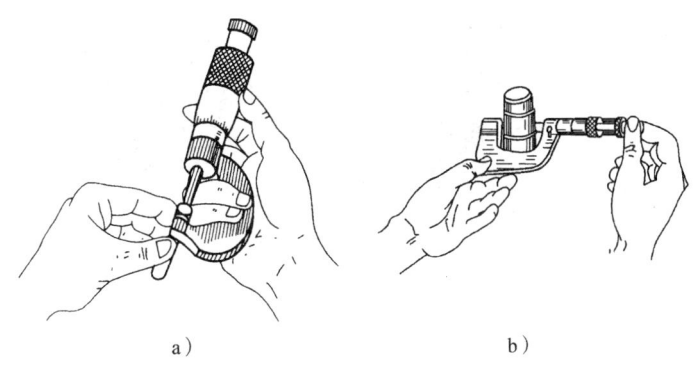

图1—37 千分尺的握法
a）单手使用 b）双手使用

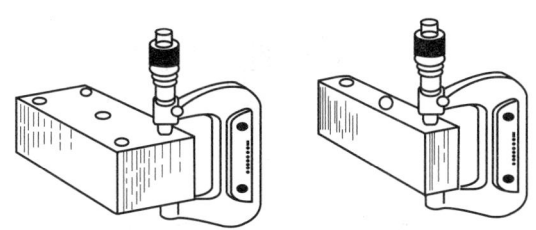

图1—38 千分尺测量平面时的正确测量位置

件进行测量，用右手单独操作，如图1—39a所示。测量较大零件时，要把零件适当安放后再进行测量，如图1—39b所示。不允许用千分尺测量正在旋转着的零件，必须等零件转动完全停止后才能进行测量。

（7）千分尺使用完毕后应擦拭干净，并在测量面涂上防锈油。

（8）千分尺使用时不可与工具、刀具、零件等混放，用完应放入盒内。

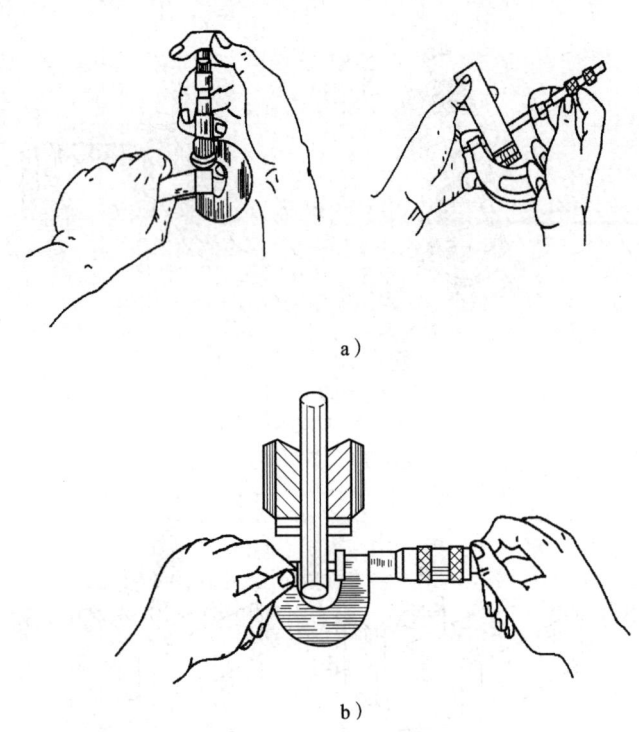

图 1—39 千分尺的使用方法
a) 测量小零件 b) V形块测量零件

模块九 百分表的识别与使用

一、百分表的识别

百分表是零件加工和机器装配中检查零件尺寸和形状误差的主要量具，常被用来测量零件表面的平面度、直线度、零件两平行面间的平行度和圆形零件的圆度、圆跳动等（见图1—40）。百分表的测量范围有 0～3 mm、0～5 mm、0～10 mm 三种规格。

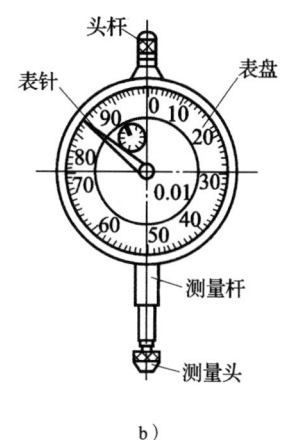

图1—40 百分表
a) 外形 b) 结构

测轴的下端装有测头,测量时当测头触及零件被测表面后,测轴能上下移动。测轴每移动1 nm,指针转一整周,在表盘面上的刻线把圆周分成100等份,指针摆动一格时,测轴移动0.01 mm,所以百分表的测量精度为0.01 mm。

二、百分表的使用

如图1—41所示,在检验零件时,用百分表夹持架夹持百分表。把零件放在平板上,使百分表的测头压到被测零件的表面上,再转动刻度盘,使指针对准零位,然后移动百分表(或零件),来测量零件的平面度或平行度。

测量轴时,将需要检验的轴装在检验架上或V形铁上,使百分表的测头压到轴的表面上,用手转动轴,就可读出轴的圆跳动量。

用百分表和块规对零件的尺寸进行比较测量。测量时,被测量的零件和块规都要放在检验平板上,例如零件的基本尺寸是90 mm,用90 mm高的块规组放在百分表测头下面,使测头触及

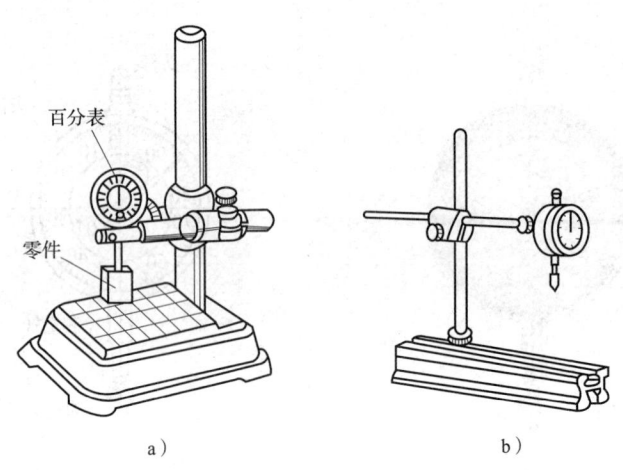

图1—41 百分表的夹持架
a) 带有平台的夹持架 b) 移动式夹持架

块规并转动刻度盘，使指针对准零位，然后移去块规，放上零件，再使百分表的测头与零件表面接触，如果读数还是零，就说明零件的尺寸与块规组的尺寸相同，如果不相同，则零件的尺寸就是块规组的尺寸与百分表读数值的代数和。

三、使用百分表的注意事项

（1）测量时，测量头与被测表面接触并使测量头向表内压缩 $1 \sim 2$ mm，然后转动表盘，使指针对正零线，再将表杆上下提几次，待表针稳定后再进行测量。

（2）百分表和千分表都是精密量具，严禁在粗糙表面上进行测量。

（3）测量时，测量头和被测表面的接触尽量呈垂直位置，这样能减少误差，保证测量准确。

（4）测量杆上不要加油，油液进入百分表的表面会形成污垢，从而影响百分表的灵敏度。

（5）要轻拿稳放，尽量减少振动，并防止某一种物体撞击测量杆。

模块十 汽缸压力表的识别与使用

一、汽缸压力表的识别

汽缸压力表是用来测量汽缸内压缩终了时的气体压力的,其主要组成部件是压力表,按结构和用途分为汽油机压力表和柴油机压力表两种。

汽缸压力表总成由压力表、连接软管、单向进气阀和适用于各种机型的可换接头等组成。其上有放气阀,以便使指针回位到零位。汽缸压力表的结构如图1—42所示。

图1—42 汽缸压力表

二、汽缸压力表的使用

(1)检测前先让发动机运行大约10 min,或达到正常工作温度75~95℃。

(2)关闭发动机,切断所有的火花塞高压线。切断时的顺序给它们编号,以为重新连接时提供方便,保证容易辨认。

(3)松动火花塞大约一圈,但不要卸除。用一空气软管或硬刷将火花塞凹窝的灰尘清除掉,卸下火花塞,按拆卸时的顺序将它们放在一个干净、平坦的地方。

(4) 卸除空气滤清器,将节气门置于最大开度。

(5) 从点火线圈上将主要电极拆卸下来,使点火系统不能工作。

(6) 用手将火花塞接头管拧进火花塞凹窝内里,或将汽缸压力表的锥形橡胶接头压紧在被测缸的火花塞孔内。火花塞头部有长有短,要注意使用不同长度的火花塞接头管,否则可能会撞坏活塞的顶端,损坏发动机。

(7) 起动发动机,用起动机带动曲轴旋转 3~5 s,看到汽缸压力表上显示的压力数停止上升为止。

(8) 记录压力读数,按下放气阀以释放空气,减小压力。再试一次,记下压力读数,释放压力,从火花塞凹窝里卸下火花塞接头管。

(9) 将火花塞接头管接到另一个需要检测的火花塞凹窝里,重复步骤 (6),依次检测各个汽缸压力。检测需要测试的汽缸的剩余部分(见图1—43)。

任何一个汽缸的最小压力不应低于最大压力汽缸的70%,任何汽缸压力读数不应低于690 kPa。

图1—43　测量汽缸压力

模块十一　万用表的识别与使用

一、万用表的识别

万用表用于汽车电气设备的性能检测。万用表有很多类型，主要有指针式万用表和数字式万用表。

1. 指针式万用表

指针式万用表（见图1—44）是以表头为核心部件的多功能测量仪表，测量值由表头指针指示读取。

常见的指针式万用表主要有500型、MF47型、MF64型、MF50型、MF15型等，它们虽然功能各异，但其结构和原理却基本相同。从外观上看，它们一般由外壳、表头、表盘、机械调零螺钉、电阻挡调零电位器、转换开关、专用插座、表笔及其插孔组成。

2. 数字式万用表

数字式万用表（见图1—45）具有输入阻抗高、误差小、读数直观的优点，但显示较慢也是其不足之处，一般用于测量不变的电流值、电压值。数字式万用表由于有蜂鸣器，因而测量电路的通断比较方便。

数字式万用表有车用专用表，它是一种高灵敏度、多量限的携带式整流系仪表，有多种测量功能，能分别测量直流电压、交流电压、喷油脉宽、二极管判断、电阻、电流、频率、转速、闭合角、百分比、故障码等。

二、万用表的使用

1. 指针式万用表的使用

（1）使用前检查指针是否在刻度盘左端的零位上，若不是则应调整机械调零电位器使指针指在零位。

（2）直流电压的测量。将万用表红表笔插入"＋"插口，黑表笔插入"＊（com）"插口，转换两旋钮至合适的直流电

 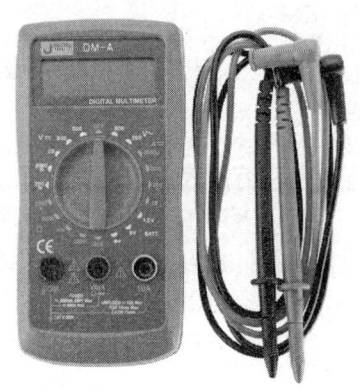

图1—44 指针式万用表　　图1—45 数字式万用表

压挡,然后将两表笔并联接到被测电路两端,根据刻度盘上的"～"刻度就可读出电压值。选直流电压挡时应注意,当不能预计被测直流电压大约数值时,须先选最大量程,然后根据指示值的大约数值再选择适当的量程,使指针的偏转角度最大(但不能满偏);当指针反偏时,说明所测电压为负值,这时将表笔互换就可测出数值。读数时应注意,所选量程数为指针刚好满偏的读数,未满偏时的读数可根据占刻度的几分之几来读数。

(3)交流电压测量。因为交流电压无正负之分,所以红黑两表笔插"+"插口还是"*(com)"插口无所谓。测量方法及注意事项和测直流电压类似。有一点需要注意的是,当选交流10 V挡时,读数应看"10 V"专用刻度。

(4)直流电流测量。将两旋钮调到合适的直流电流挡,然后将万用表两表笔按"+""-"极性串联接到被测电路上,根据刻度的"～"刻度就可读出电流值。

(5)电阻测量。将两旋钮调到合适的电阻挡后,要先进行欧姆调零才可以测量电阻值。欧姆调零的方法:将两表笔短接,看一看指针是否指在刻度盘右端的电阻刻度零位,否则调节欧姆调零电位器使指针指在电阻刻度零位。

> 指针式万用表使用时的注意事项：
> （1）每换一次电阻挡后都要先进行欧姆调零。
> （2）选电阻挡的原则是尽可能使指针指在刻度的20%~80%范围内；测量电路中的电阻阻值时，要求被测电路不带电。
> （3）测量时不要将人体电阻并联到被测电阻上。
> （4）当出现欧姆调零时指针不能调到零位的情况，表示万用表内电池电压不足，应更换电池。

2. 数字式万用表的使用

（1）使用前应认真阅读有关的使用说明书，熟悉电源开关、量程开关、插孔、特殊插口的作用。

（2）将电源开关置于ON位置。

（3）交/直流电压的测量。根据需要将量程开关拨至DCV（直流）或ACV（交流）的合适量程，红表笔插入V/Ω孔，黑表笔插入COM孔，并将表笔与被测线路并联，读数即可显示。

（4）交/直流电流的测量。将量程开关拨至DCA（直流）或ACA（交流）的合适量程，红表笔插入mA孔（<200 mA时）或10 A孔（>200 mA时），黑表笔插入COM孔，并将万用表串联在被测电路中即可。测量直流量时，数字万用表能自动显示极性。

（5）电阻的测量。将量程开关拨至Ω的合适量程，红表笔插入V/Ω孔，黑表笔插入COM孔。如果被测电阻值超出所选择量程的最大值，万用表将显示"1"，这时应选择更高的量程。测量电阻时，红表笔为正极，黑表笔为负极，这与指针式万用表正好相反。因此，测量晶体管、电解电容器等有极性的元器件时必须注意表笔的极性。

使用数字式万用表时的注意事项：

（1）如果无法预先估计被测电压或电流的大小，则应先拨至最高量程挡测量一次，再视情况逐渐把量程减小到合适位置。测量完毕应将量程开关拨到最高电压挡，并关闭电源。

（2）满量程时，仪表仅在最高位显示数字"1"，其他位均消失，这时应选择更高的量程。

（3）测量电压时应将数字万用表与被测电路并联。测电流时应与被测电路串联，测直流量时不必考虑正、负极性。

（4）当误用交流电压挡去测量直流电压，或者误用直流电压挡去测量交流电压时，显示屏将显示"000"，或低位上的数字出现跳动。

（5）禁止在测量高电压（220 V 以上）或大电流（0.5 A 以上）时换量程，以防止产生电弧，烧毁开关触点。

（6）当显示"BATT"或"LOW BAT"时，表示电池电压低于工作电压。

模块十二　举升机的识别与使用

一、举升机的识别

汽车举升机是指汽车维修行业用于汽车举升的设备。举升机在汽车维修养护中发挥着至关重要的作用，无论整车大修，还是小修保养，都离不开它，其产品性质、质量好坏直接影响维修人员的人身安全。

举升机按照功能和形状不同可分为单柱式、双柱式、四柱式和剪式；按照功能不同可分为四轮定位型和平板式；按照占用的空间不同可分为地上式和地藏式。

1. 单柱式举升机

单柱式举升机（见图1—46）是将停放在地面上的轿车等交通工具举升到一定的高度进行维修的专用设备，是一种典型的用于汽车及工程车辆的局部举升，以便更换车轮轮胎或对车辆底盘进行各种维修作业的机具。单柱举升机操作容易、美观、不占用空间便能将重物方便省力地举起，不用时可完全放置于地面，方便汽车倒车和放置物品，是汽车修理不可缺少的机具。单柱车辆举升机分可移动式的和固定式的两种，单柱移动式举升机适用于室内外场地，单柱固定式举升机适用于室内面积较为紧凑的场所。

图1—46 单柱举升机

2. 双柱式举升机

双柱式汽车举升机（见图1—47）是一种汽车修理和保养单位常用的专用机械举升设备，广泛应用于轿车等小型车的维修和保养。双柱式汽车举升机将汽车举升在空中的同时可以节省大量的地面空间，方便地面作业。但是双柱式汽车举升机为了最大限度地节省材料，一般都去掉了底板。由于没有底板，立柱的扭力需要靠地面来抵消，所以对地基要求很高，若是有横梁（龙门举升机）就靠横梁抵消。

图1—47　双柱举升机

3. 四柱式举升机

四柱式汽车举升机（见图1—48）是一种大吨位汽车或货车修理和保养单位常用的专用机械举升设备，也很适合于四轮定位用，因为一般四柱式汽车举升机都有一四轮定位档位，可以调整，可以确保水平。四柱举升机按其结构又可分为上油缸式以及下油缸式两种。

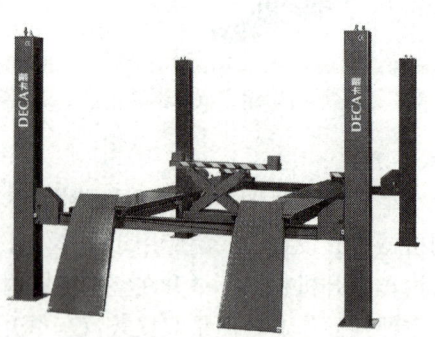

图1—48　四柱举升机

4. 剪式举升机

剪式举升机（见图1—49）执行部分采用剪式叠杆形式，电力驱动机械传动结构，目前广泛用于大型车辆维修。剪式双剪叉举升机的举升速度适中且不占用车坑位置，对于一些车型相对固定、工作强度大（如在公共汽车）的修理领域无疑是最好的选择，而且由于结构简单，同步性好，一般常用作四轮定位仪的平台。剪式举升机分为大剪（子母式）举升机、小剪（单剪）举升机、超薄系列剪式举升机等几种类型。

图1—49 剪式举升机

二、举升机的使用

汽车维修企业很多重大事故是由举升机操作不当导致的，因此，使用举升机一定要遵守操作规范，其主要注意事项如下：

（1）使用前应清除举升机附近妨碍作业的器具及杂物，并检查操作手柄是否正常。

（2）操作机构灵敏有效，液压系统不允许有爬行现象。

（3）支车时四个支脚应在同一平面上，调整支脚胶垫高度使其接触车辆底盘支撑部位。

（4）支车时车辆不可支得过高，支起后四个托架要锁紧。

（5）待举升车辆驶入后应将举升机支撑块调整移动对正该车型规定的举升点。

（6）举升时人员应离开车辆，举升到需要高度时必须插入保险锁销，并确保安全可靠才可开始车底作业。

（7）除一级维护及小修项目外，其他烦琐笨重的作业不得在举升器上操作修理。

（8）举升器不得频繁起落。

（9）支车时举升要稳，降落要慢。

（10）有人作业时严禁升降举升机。

（11）发现操作机构不灵、电机不同步、托架不平或液压部分漏油时应及时报修，不得操作带"病"机器。

（12）作业完毕应清除杂物，打扫举升机周围以保持场地整洁。

（13）定期（半年）排除举升机油缸积水，并检查油量，油量不足时应及时加注相同牌号的压力油。同时应检查润滑、举升机传动齿轮及缝条。

模块十三　故障诊断仪的识别与使用

一、故障诊断仪的识别

随着科学技术的不断发展，为了提高汽车的经济性、动力性、舒适性、环保性等性能，国内外轿车都采用越来越多的电子控制系统。目前，汽车电子化的程度被看作是衡量现代汽车水平的重要标志，是用来开发新车型、改进汽车性能的最重要的技术措施。应用于汽车上的发动机电控系统、电控自动变速箱、ABS防抱死制动、SRS安全气囊、电子悬挂、巡航控制等相关电子控制系统越来越多。一些豪华轿车上使用单片机微型计算机的数量已经达到数十个，电子产品占到整车成本的50%以上，目前电子技术的应用几乎已经深入到汽车所有系统。

然而，汽车控制系统的电子化给汽车的检测、诊断、维修工作带来了越来越大的困难，因此现代电控汽车都提供故障自诊断功能。自诊断功能的原理是汽车正常运行时，电子控制模块

ECU 输入、输出信号的电压值都有一定的变化范围,当某一信号的电压超出了这一范围,并且这一现象在一段时间内不消失,ECU 便判断为这一部分信号电路有故障。ECU 把这一故障以代码的形式存入内部随机存储器,汽车维修人员利用读出的故障代码及数据流,很容易知道故障所在。因此,通过自诊断系统便可以解决汽车电控系统的维修问题。

然而,要真正使用自诊断系统的诸多功能,如读取故障代码与动态数据流,必须通过汽车故障诊断仪才能实现。因此,汽车自诊断系统的应用水平取决于汽车故障诊断仪的应用水平,也就是通常所说的解码器。几种常见的汽车解码器如图 1—50 所示。

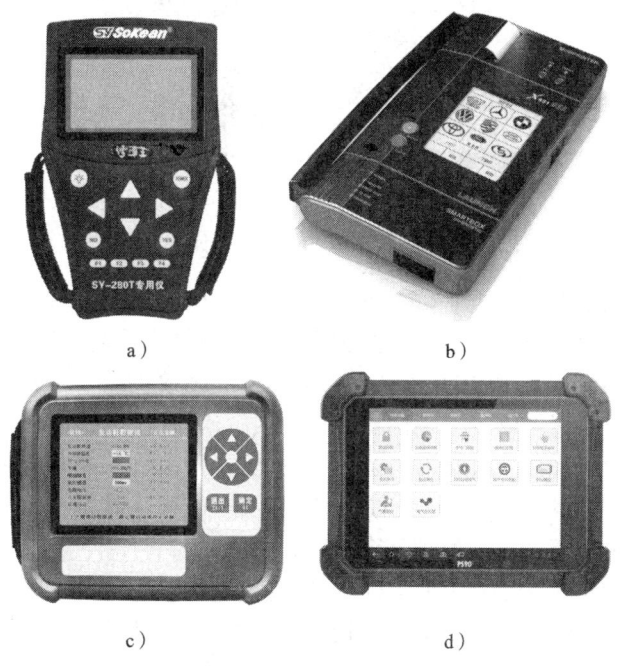

图 1—50 常见的汽车解码器(汽车电控故障诊断仪)
a)修车王 SY280T b)元征 X431 - GX3
c)金奔腾 538D - SI d)朗仁 PS90

一般解码器有五个功能：读取故障码；清除故障码；数据流测试；执行元件测试；其他特殊功能。其他特殊功能一般包括基本设定等功能，这要求维修技术人员必须了解相应功能的前提条件、基本步骤和操作方法。

二、故障诊断仪的使用

利用故障诊断仪读取故障码、数据流或进行执行元件测试的实际情况如图1—51所示。

图1—51 利用故障诊断仪读取故障码、
数据流或进行执行元件测试

解码器本身就是一个小型的电子计算机，是唯一能与汽车电子控制模块直接进行信息交流的故障诊断仪，其软件存储有各种车型的电子控制模块（ECU）及其控制系统的检测程序和数据资料，并配有各种专用的检测插头。解码器通过汽车电子控制模块的自诊断座（OBDⅡ）在一定协议支持下与汽车电子控制模块进行各种信息的交流，从而获得汽车电控系统的重要工作参数。解码器的工作原理如图1—52所示。

汽车自诊断座（OBDⅡ）是现代电控汽车上用来诊断故障的接口，自诊断座的端子直接与汽车电子控制模块相连。

由于不同车型的自诊断座的形状、安装位置各不相同，因此解码器也相应地要利用不同的诊断接口与汽车自诊断座匹配连接，才能进行数据的交流。

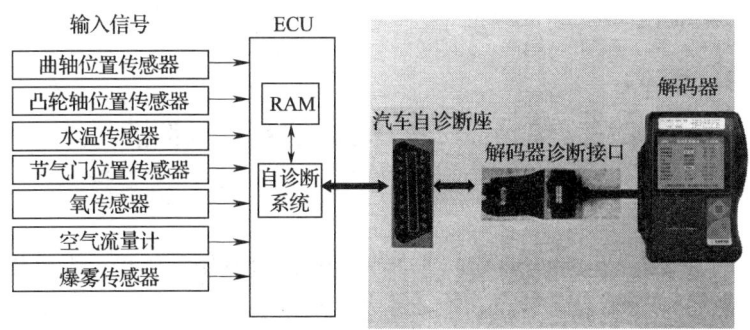

图1—52 解码器的工作原理

第二单元　汽车发动机的维护

汽车发动机的维护主要包括发动机进气系统的维护、发动机冷却系统的维护、发动机润滑系统的维护、发动机配气机构的维护、发动机点火系统的维护、汽油发动机供油系统的维护、柴油发动机供油系统的维护、起动系统的维护等作业内容。

模块一　发动机进气系统的维护

一、发动机进气系统的组成

发动机进气系统主要由进气管、空气滤清器、节气门、进气歧管、进气总管等组成，如图2—1所示。

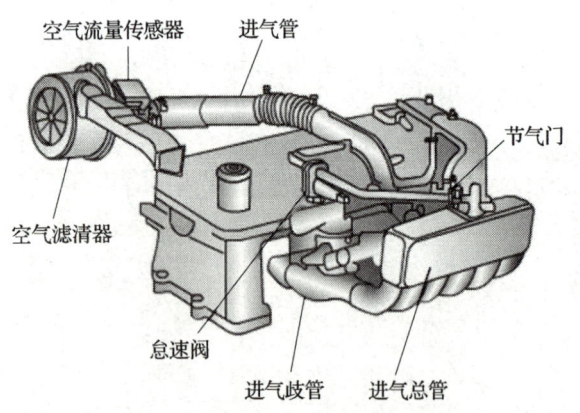

图2—1　发动机进气系统的组成

二、空气滤清器的保养

1. 清洁空气滤清器

如图 2—2 所示,拆下空气滤清器的滤芯,当滤芯积存干燥灰尘时,如果有空气压缩机,可用压力不高于 5 kg/cm^2 的压缩空气,从滤芯内侧开始上下均匀地沿斜角方向吹净滤芯内外表面的灰尘。

图 2—2　用压缩空气清洁空气滤清器

如果没有空气压缩机,可用旋具刀柄轻轻敲打滤芯,再用毛刷刷净外部污垢。

当滤芯被油烟或湿灰尘污染时,可用专用的滤芯清洁剂清洗,如图 2—3 所示。

2. 检查空气滤清器的滤芯

如图 2—4 所示,将照明灯点亮放入滤芯里面从外部观察有无损伤、小孔或变薄的部分,检查橡胶垫圈有无损伤。如有异常,应更换滤芯和垫圈。

注意:严禁用汽油或水洗刷滤芯;滤芯表面有破损必须更换;多尘地区滤芯的维护间隔里程应适当缩短。

3. 更换空气滤清器的滤芯

乘用车的空气滤清器更换周期一般为 20 000~30 000 km 或每年。对于不同的汽车,更换周期自然是不相同的,所以没有一个很绝对的标准,因为这取决于空气滤清器吸入灰尘和杂质的数量。同样是一个空气滤清器,在一辆长期行驶于高速公路的车辆上,它可以使用30 000 km甚至更长才更换一次;而对于一辆总穿梭于乡村间的越野车来说,它可能两个月内就要更换了。

图2—3　用专用的滤芯清洁剂清洗　　图2—4　检查空气滤清器的滤芯有无损伤

模块二　发动机冷却系统的维护

一、发动机冷却系统的功用

发动机工作时,由于燃料的燃烧,汽缸内气体温度高达1 927~2 527℃,使发动机零部件温度升高,特别是直接与高温气体接触的零件,若不及时冷却,则难以保证发动机正常工作。冷却系统的作用就是保持发动机在最适宜的温度范围(80~90℃)内工作。

二、发动机冷却系统的组成与工作原理

目前汽车发动机均采用强制循环式水冷却系,它主要由风扇、水泵、水套、散热器百叶窗、水管、水温表和水温传感器等组成,如图2—5所示。

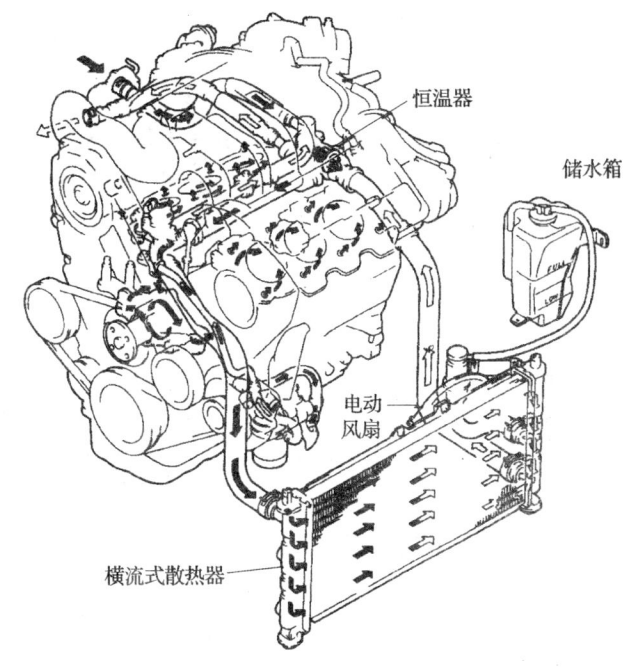

图 2—5　发动机冷却系统的组成

如图 2—6 所示，当水温低于 85℃时，节温器体内的石蜡体积膨胀量尚小，节温器主阀门关闭，来自散热器的水道被关闭，冷却水不经过散热器，只在水泵与发动机水套之间作小循环流动。因此，当发动机开始工作时，冷却水快速升温，能很快暖机，在短时间内达到发动机正常工作温度。

如图 2—7 所示，当冷却水温度高于 85℃时，石蜡体积膨胀，使节温器的主阀门逐渐开启，副阀门逐渐关闭，因而来自散热器的冷却水作大循环流动。当冷却水温度达到 105℃时，主阀门完全开启，副阀门完全关闭，全部冷却水流经散热器作大循环流动。

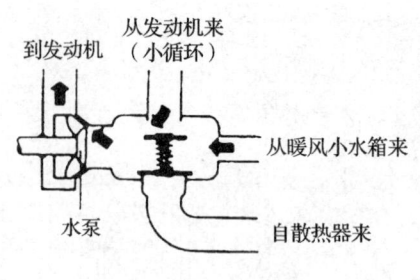 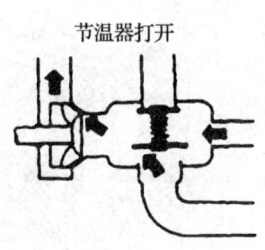

图2—6 发动机冷却系统的小循环流动　　图2—7 发动机冷却系统的大循环流动

三、清洗散热器外表

先用水冲洗水箱芯,清除表面的灰尘,并用汽油洗净表面油污。然后从外部查看水箱上、下水室及芯子,不得有渗漏现象,水箱框架不得有断裂和脱焊现象。水箱芯上若嵌有杂物,可用细钢丝进行清理,如图2—8所示。若水箱片有倒伏应予扶正,水箱若有扭斜、变形,应压校平整。

图2—8 清洗散热器外表

四、检查冷却液

没有膨胀水箱的冷却系统可打开散热器盖进行检视,要求冷却液面不低于排气孔10 mm。使用防冻液时,为防止防冻液因温度升高溢出,要求液面高度低于排气孔50～70 mm。

检查水量应在冷车状态下进行,检查后应扣紧散热器盖。补充冷却液时应尽量使用软水或同种防冻液。添加前要检查冷却系统是否有渗漏现象。对于装有膨胀水箱的冷却系统,膨胀水箱的冷却水量应在规定刻线(MAX～MIN)之间,如图2—9所示。

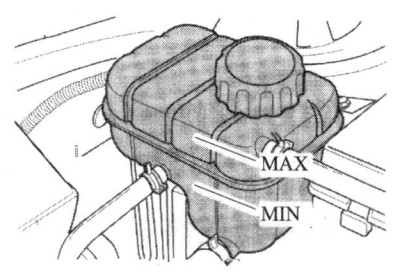

图2—9　膨胀水箱的冷却水量应在规定刻线（MAX～MIN）之间

五、清洗冷却系统

如图2—10所示，起动发动机至正常温度后停止，放净冷却液，向冷却系统中加入混有清洗剂的清洗液。起动发动机，使清洗液加热到85℃并怠速运转20～30 min，然后使发动机停止转动，放出清洗液。

用清洁的水清洗冷却系统5 min后将发动机内注满清洁的水，再起动发动机运转10 min后放出。排出的液体较脏时应继续用清水反复清洗直到放出清水为止。

图2—10　清洗冷却系统

六、检查节温器

如图2—11所示，将节温器放在烧杯的水面下，缓慢加热烧杯到节温器开阀温度,并保持 5 min,检查节温器是否处于开阀状态。继续加热到节温器阀全开温度,保持 5 min,测定阀门行程。检查当水温降至 65℃ 以下时是否全闭。检查时若其中一项不合要求,也应更换节温器。

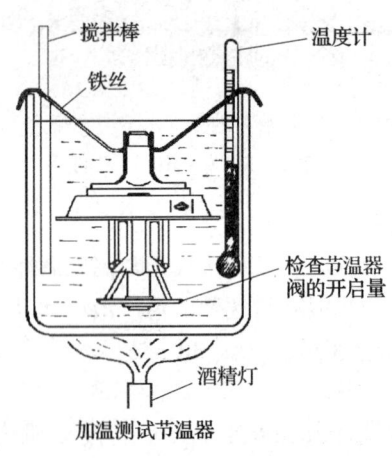

图 2—11　检查节温器

七、检查风扇皮带

1. 检查风扇皮带紧度

如图 2—12 所示,检查时用手按压皮带的中央。以 9~10 kg 的力按压皮带中间部位时,皮带下降为 10~15 mm 则表示皮带紧度正常。如果不符合要求,超过 15 mm 或低于 10 mm,则为不正常。

2. 检查皮带损伤情况

如图 2—13 所示,检查皮带有无损伤、剥落。皮带在断裂之前将会出现滑磨声,皮带表面会出现龟裂的裂纹、磨损以及剥落

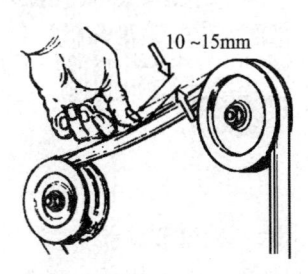

图 2—12　检查风扇皮带紧度

等前兆现象。因此，应仔细观察，若出现上述现象，应及时更换皮带。

3．调整皮带张紧度

如图2—14所示，稍微松开发电机的上下固定螺栓后，用撬棒将整个交流发电机向里或向外移动进行调整。调整后应可靠地拧紧螺栓。注意不要将皮带调得过紧，因为张紧度过大会伤害风扇皮带和轴承。

图2—13　检查皮带损伤情况

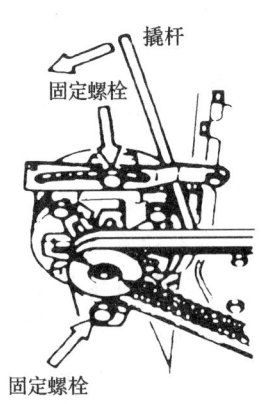
图2—14　调整皮带张紧度

模块三　发动机润滑系统的维护

一、发动机润滑系统的功用

在发动机运转时必须向各润滑部位提供机油进行润滑。润滑系统的作用就是不断地使机油循环，从而润滑发动机的各个部位，使发动机的各个零件都能发挥出最大的性能。归纳起来如下：

1．润滑作用

润滑作用是将零件间的直接摩擦变为间接摩擦，减少零件的磨损和功率损耗。

2. 密封作用

密封作用是利用润滑油的黏性，提高零件的密封效果。如果活塞与汽缸套之间保持一层油膜，可以增强活塞的密封作用。

3. 散热作用

散热作用是通过润滑油的循环，将零件摩擦时产生的热量带走。

4. 清洗作用

清洗作用是利用润滑油的循环，将零件相互摩擦时产生的金属屑带走。

5. 防锈作用

防锈作用是将零件表面附上一层润滑油膜，可以防止零件表面被氧化锈蚀。

根据发动机类型和润滑部位不同，其润滑方式也不同。

二、发动机润滑系统的组成与工作原理

润滑系统主要由油底壳、机油泵、滤清装置、限压阀、压力表、机油尺、油道及油管等组成，如图2—15所示。

发动机工作时，机油泵将机油从油底壳吸入，并压送到机油滤清器，经滤清器后的机油流入主油道，然后分别流入各曲轴轴承、凸轮轴轴承、连杆轴承等处，最后又重新回到油底壳。

由于轿车发动机转速高、功率大、凸轮轴多为顶置，机油泵一般由中间轴驱动；配气机构多采用液力挺柱；在主轴道与机油泵之间多用单级全流式滤清器，以简化滤清系统。集滤器为固定淹没式，避免机油泵吸入表面泡沫，保证润滑系统工作可靠。

由于柴油机与汽油机的结构和工作条件不一样，其润滑系统的组成和油路也各有不同。柴油机的机械负荷和热负荷较大，其活塞一般专设油道进行冷却，所配用的喷油泵、调速器、增压器等也需要润滑，因此，要求柴油机的润滑强度较高。为了保证润滑系统工作可靠，通常设有机油散热器，图2—16所示为柴油机的润滑油路。

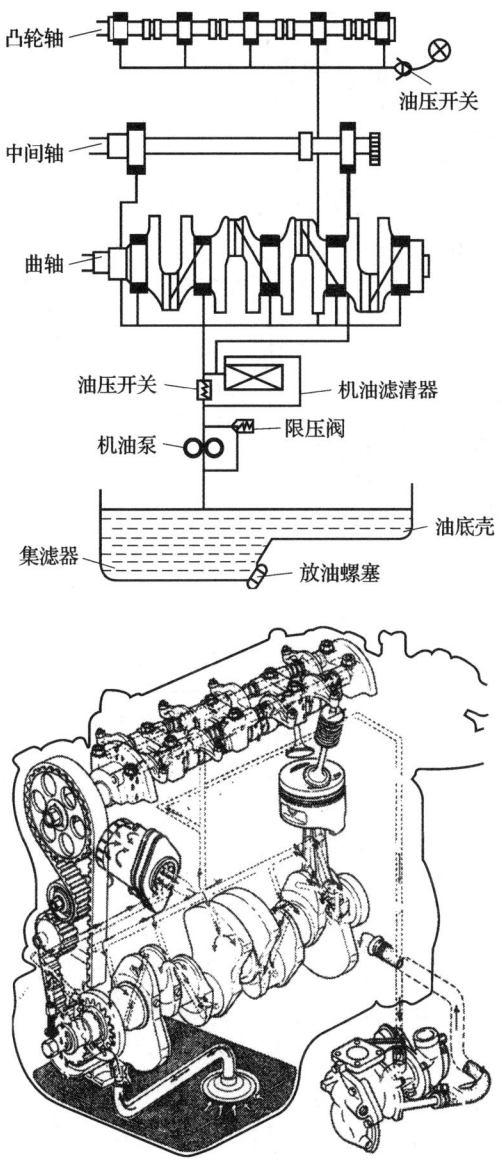

图 2—15 发动机润滑系统的组成

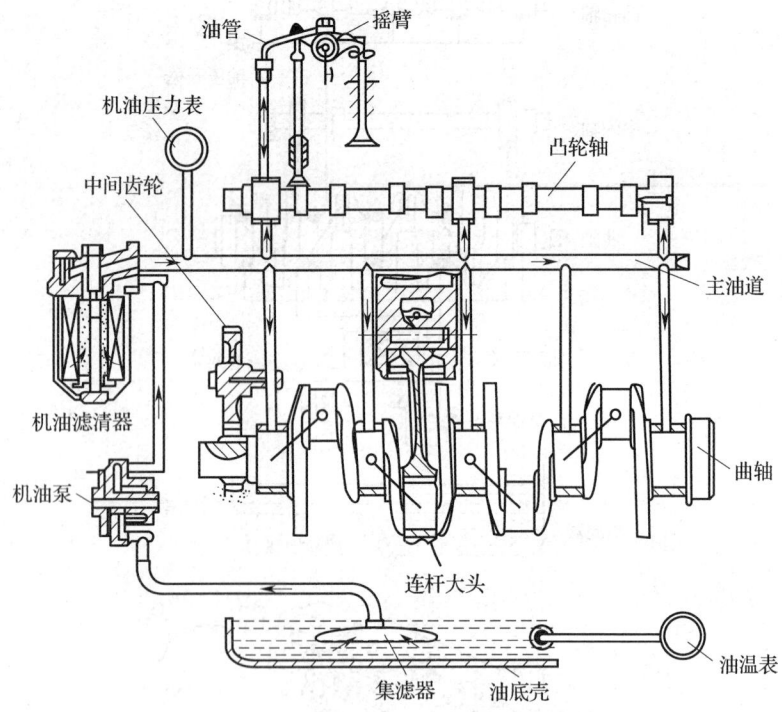

图 2—16 柴油机的润滑油路（485 型柴油机）

三、机油的检查与更换

1. 查看机油的液位

起动发动机之前或停机 30 min 后，打开发动机舱盖，抽出机油尺，将机油尺用抹布擦净油迹后，插入机油尺导孔，拔出查看，油位在上下刻线之间即为合适，如图 2—17 所示。

2. 检查机油的品质

如图 2—18 所示，检查机油尺上的机油，不应有变色（机油变黑除外）的现象，并注意检查机油的污染程度。当机油达到使用的间隔里程或达到换油指标时，应及时更换机油。

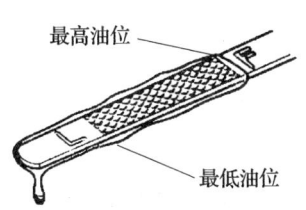 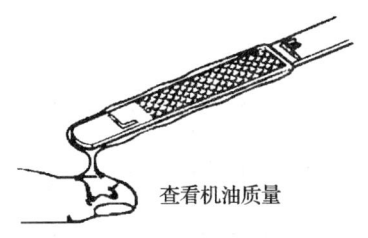

图2—17　查看机油的液位　　图2—18　检查机油的品质

3．机油的更换周期

如图2—19所示，正常的换油时机一般为5 000～12 000 km，对此汽车生产厂家各有规定。如果汽车长期在负荷较重的条件下工作，机油更换的间隔要适当缩短。如果汽车在一年中行驶里程达不到上述里程，应每年更换一次机油。如果使用质量较高的机油，换油间隔可适当延长。

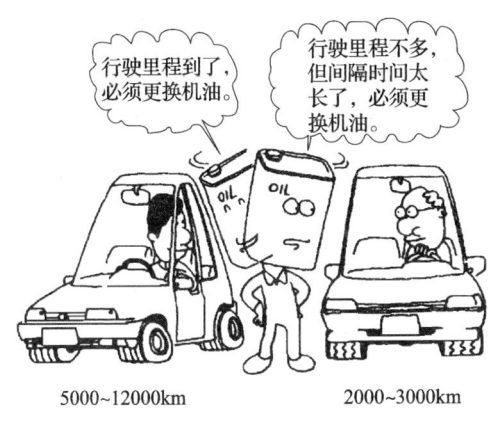

图2—19　机油更换周期

4．更换机油

如图2—20所示，起动发动机到正常工作温度（80～90℃），再将其熄火，热车状态下放出机油盘和滤清器内机油。

对于磁性放油螺塞,应将铁屑清除干净。如果有条件,可使用真空换油设备,以将旧机油吸出得干净些。

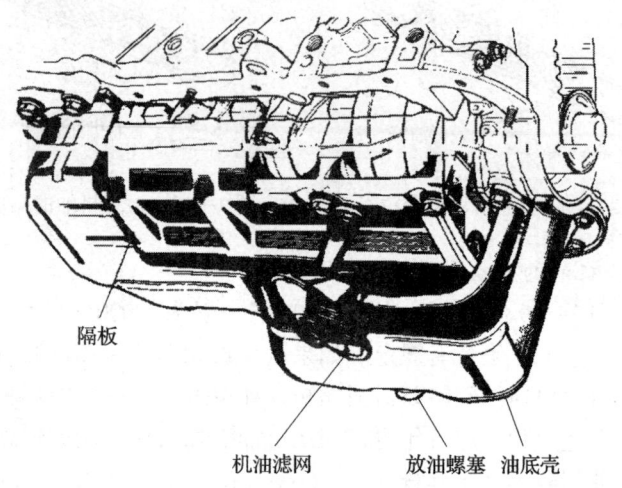

图 2—20　更换机油

四、机油滤清器的保养

1．拆装机油滤清器

如图 2—21 所示,用滤清器扳手卸下滤清器滤芯。操作时注意不要让机油到处淌,以免弄脏发动机和操作环境。

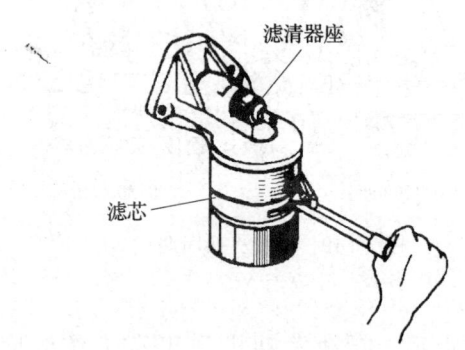

图 2—21　拆装机油滤清器

2. 安装机油滤清器

如图2—22所示,在安装新的滤清器时,先将滤清器灌满清洁的新机油;在滤清器油封表面均匀地涂上少许机油;用手装上滤清器,待油封与接合面接合上时,再用手拧紧3/4圈。不要用滤清器扳手拧紧滤清器,否则会损坏螺纹或滤清器。

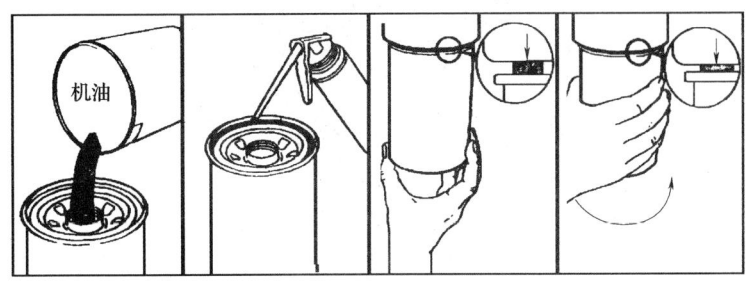

图2—22 安装机油滤清器

模块四 发动机配气机构的维护

一、发动机配气机构的功用

配气机构的功用是按照发动机各缸工作过程的需要,定时地开启和关闭进、排气门,使新鲜可燃混合气(汽油机)或空气(柴油机)得以及时进入汽缸,废气得以及时排出汽缸,发动机配气相位图如图2—23所示。

二、发动机配气机构的组成与工作原理

以顶置式为例,配气机构包括气门驱动组(由正时齿轮及凸轮轴组成)、气门传动组(由挺柱、推杆、摇臂轴及支座、摇臂及调整螺钉等组成)、气门组(由气门、气门导管、气门弹簧、气门锁片及弹簧等组成),如图2—24所示为顶置凸轮轴四缸发动机配气机构的组成。

· 59 ·

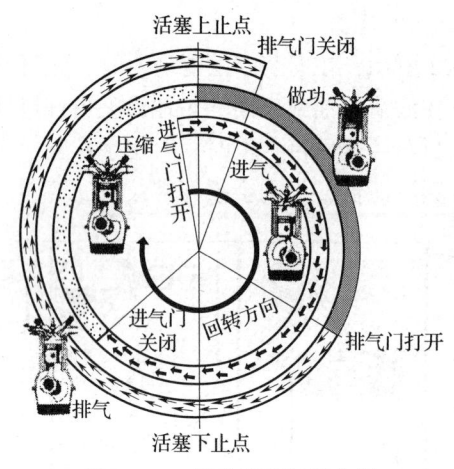

图 2—23 发动机配气相位图

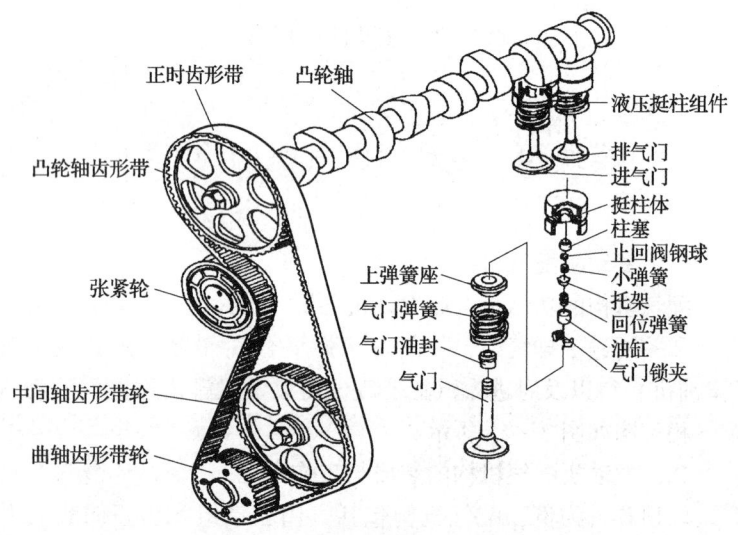

图 2—24 顶置凸轮轴四缸发动机配气机构的组成

在曲轴和凸轮轴上装有链轮,曲轴通过链条驱动凸轮轴。在链条侧面有张紧机构和链条导板,利用张紧机构可以调整链条的张力。如图 2—25 所示为用链条保证配气正时的情况。

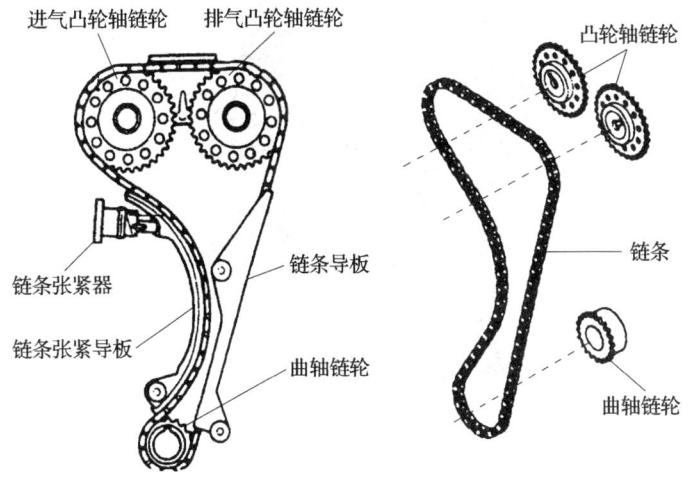

图2—25 用链条保证正时

齿形带与链条的功能是相同的，为了确保齿形带传动的可靠性，齿形带和齿形带轮的接触周长必须比链传动要长一些，这使得齿形带周围零件的布置都受到制约。如图2—26所示为用齿形带保证配气正时的情况。对于V型发动机来说，由于齿形带较长，必须切实地控制齿形带的张力。齿形带的优点是无须润滑，工作噪声小。和链条比较起来，齿形带的寿命略差一些，一般要求每10 000 km更换一次。

下置凸轮轴的汽油机通常用一对正时齿轮传动。在柴油机上凸轮轴中心距一般较大，且需要同时驱动喷油泵，需加入中间惰轮传动。为了使齿轮啮合平顺，减小噪声和摩擦，正时齿轮都用斜齿轮，并且采用不同材料制成。通常小齿轮用中碳钢，大齿轮除柴油机多用钢制外，常用夹布胶木或塑料等。为了保证装配时的配气正时，齿轮上都有正时记号，装配时必须使记号对正。如图2—27所示为用齿轮保证配气正时的情况。

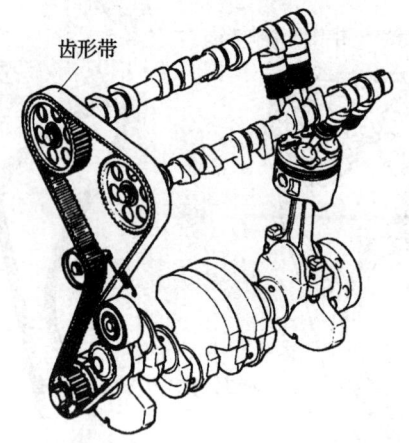

图 2—26 用齿形带保证正时

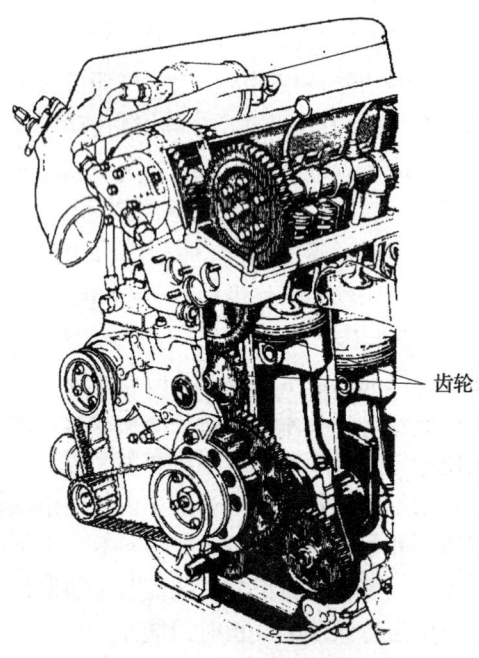

图 2—27 用齿轮保证正时

三、气门间隙的检查与调整

气门机构利用凸轮顶压气门使气门开启,然后在弹簧的压力下使气门落座关闭。为了使气门机构能正常工作,必须在气门机构中间保留一定量的间隙,该间隙称为气门间隙,如图2—28所示。从发动机前面看,曲轴皮带轮的正时记号要与机体上的正时记号对准。

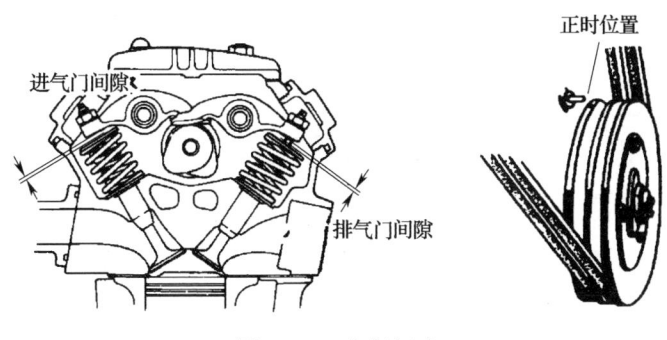

图2—28 气门间隙

1. 测量气门间隙

气门间隙有冷车值和热车值之分。应在该车的规定状态下,选出符合规格的塞尺插入气门杆与气门摇臂(或凸轮)之间,稍微拉动塞尺,如果有轻微的阻力,表示间隙正确,如图2—29所示。

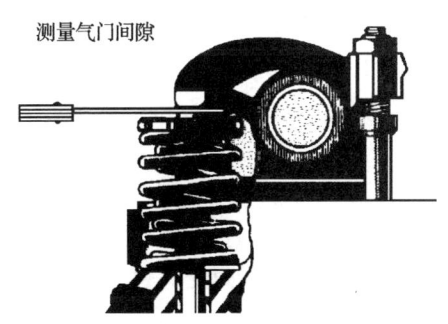

图2—29 测量气门间隙

2. 调整气门间隙

如图2—30所示,松开调整螺钉的固定螺帽,将规定厚度的塞尺插入气门间隙处,一手抽拉塞尺,一手转动调整螺钉,至塞尺稍有阻力为止。调好后将塞尺插到气门间隙中央,调整螺钉不动,拧紧固定螺帽,锁紧调整螺钉,再重新测量间隙,以防锁紧时无意转动了调整螺钉,使气门间隙改变。若间隙改变,应重新调整。

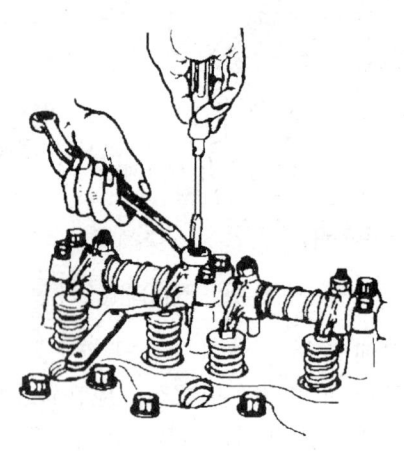

图2—30 调整气门间隙

3. 逐缸复查气门间隙

全部调好后再用塞尺逐缸检查一遍,如果有不合适的间隙,一定要调整到正确为止。全部气门间隙都正确后,再检查一下所有的固定螺钉是否已锁紧,如图2—31所示。

4. 拧紧气门室盖

将气门室盖放到缸盖上,拧上所有固定螺钉(不要一次拧紧),然后对称地、分两次拧紧固定螺钉(一次拧紧容易损坏衬垫,造成漏油),如图2—32所示。

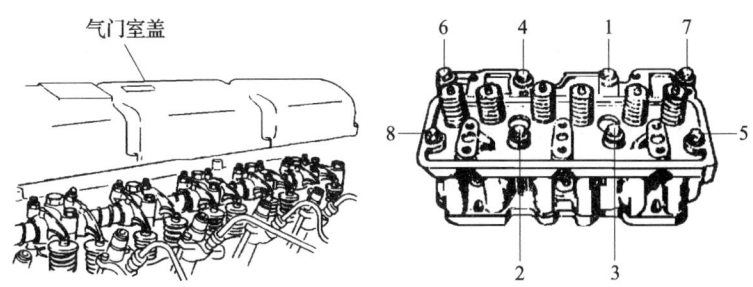

图 2—31 逐缸复查气门间隙　　图 2—32 气门室盖的拧紧顺序

四、配气正时的日常检查

正时皮带往往隐藏在一个盖子后面,要依据发动机及发动机舱的布置才能触及。然而,在多数情况下,正时皮带上的盖子,至少盖子的上半部,是可以拆下或者移开的,便于仔细地检查及更换皮带。检查时,如果看到的不是保养良好、张紧适度的皮带,就应该及时把它更换掉。

1. 皮带破裂

正时皮带破裂时,如果皮带被咬住,那么气门停在打开状态,同时发动机停止运转;正时皮带破裂时如果发动机是空转,就意味着在行程顶部的活塞与张开的气门之间存在空隙。这两种情况下的破裂,损坏的只是正时皮带本身。但是,如果发动机是"过盈配合"设计,活塞和气门占据着相同空间,它们之间没有间隙,那么很快就会损坏其他部件,如气门被弯曲、活塞受冲压等。这些故障将使车主破费更多,而且还面临长时间不能用车的麻烦。因此,应该让车主了解定期检查、及时更换正时皮带的重要性,同时也应该让他们知道,常规保养时更换正时皮带比日后拖进修理厂进行大修要便宜很多。

2. 皮带的检查

正时皮带没有破裂并不意味着它没有问题。随着皮带越用越旧,它拉伸的程度势必超过张紧装置能够补偿的范围,因而产生正时链轮打滑。而轮齿磨损、有润滑油附着等也会导致打滑。检查时，如果皮带有硬度降低、磨蚀、纤维断裂或者裂纹、裂缝的现象，就表明皮带已破损，不可以继续使用。接下来应检查链轮故障。损坏的链轮能"烧毁"皮带材料，并且加剧皮带齿的磨损。链轮故障还可能使气门机构对正时皮带产生更大的阻力。

皮带检查的第一项任务是检查皮带的松紧度。如今大多数发动机都带有皮带张紧自动调节机构，有些发动机是带手动调整装置的，但调节器本身是自动的。尽管为了测量准确可以采用张力计，但是用工具测量时首先要拆卸皮带外壳，再把张力计放在链轮之间进行测量，这种检查在许多传动舱内很不实际。因此，最好还是通过感觉来判断皮带的松紧度。

如果已查明皮带松弛，那就有可能是皮带拉伸过度，或者是自动张紧装置松弛或卡住，还有就是弹簧断裂。问题发现得早，也就是在皮带转动松弛还没有咬合皮带齿时，就应该对张紧装置复位，或者拧紧定位螺钉。如果皮带有跳动的现象，就应该及时把它换掉。

如果皮带相当紧，怎么办呢？可以用粉笔或胶带纸在皮带背面做个记号，然后用手转动发动机，检查整个皮带，查看皮带齿是否有磨损或剪切，皮带侧壁有无裂纹（尤其是皮带齿边缘），皮带背面是否有裂缝，以及有无任何油迹、油脂或冷却剂浸湿的痕迹。如果出现上述任何一种现象，都应该更换皮带，而且还应查明产生上述问题的根本原因，并予以排除。当然，油迹、冷却剂印迹等可能是人为的，而非渗漏所致。但是，要记住皮带外壳有衬垫密封，它们会被渗漏的液体伤蚀，而皮带的外壳罩也有可能因卷曲而变形。

皮带齿受损常常发生在皮带张力低（即使皮带没有明显的松弛）、链轮凹槽内有污物的时候，这时应再检查一下衬垫密封。但是，如果张紧装置提供的张力过大，或者提供的张力适度而张紧装置未校准，两者都有可能使皮带齿和皮带背面破裂。这种情况比较少见。张紧装置未校准将导致皮带齿不均匀磨损，并产生大量噪声。这虽不是正时皮带的典型故障，但它警示了张紧装置未校准这一问题。

模块五　发动机点火系统的维护

一、发动机点火系统的功用

点火系统的功用是将蓄电池或发电机提供的低压电（一般为12 V）变为高压电，并按发动机工作循环和点火顺序，适时地送到各个汽缸的火花塞，发出电火花，点燃混合气。点火系统为汽油发动机独有，因为汽油发动机是点燃式发动机，汽缸中的可燃混合气不会自行燃烧，要求在压缩终了前，准时、可靠地点燃混合气。因此，装用汽油发动机的汽车必须具有点火系统。

二、发动机点火系统的组成与工作原理

点火系统主要由蓄电池、点火开关、点火线圈、分电器、点火器、高压线、火花塞等组成，如图2—33所示。其中点火线圈用于为点火提供高压电，所以又称高压线圈；触点式断电器用于在发动机需要电火花的点火时刻提供电流；分电器用于适时、准确地把高压电分配给各缸火花塞；高压线用于把分电器的高压电接送给火花塞；火花塞则利用高压电火花点燃汽缸里的混合气。

按点火控制原理不同，发动机点火系统可分为传统点火系统、晶体管点火系统和直接点火系统，如图2—34～图2—36所示。直接点火系统已逐渐代替传统点火系统和晶体管点火系统。

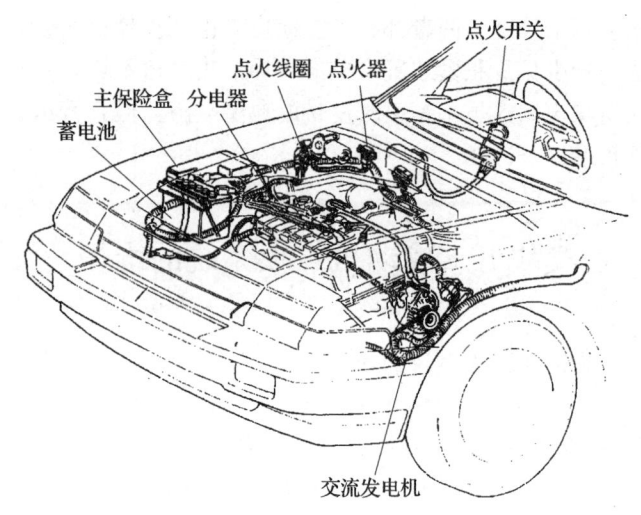

图2—33 发动机点火系统的组成

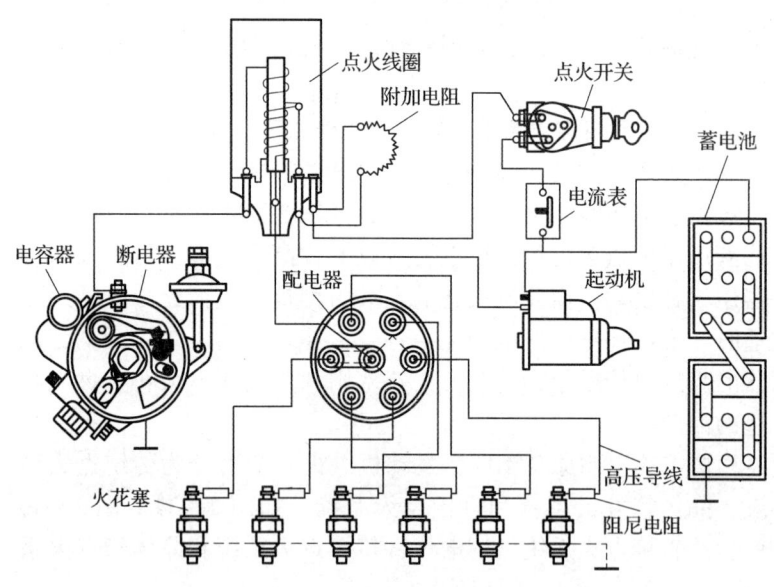

图2—34 传统点火系统

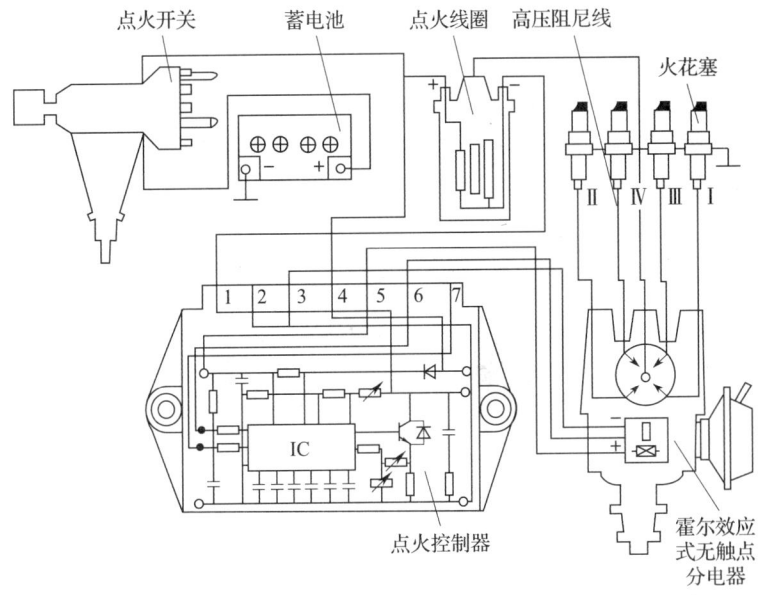

图2—35 晶体管点火系统

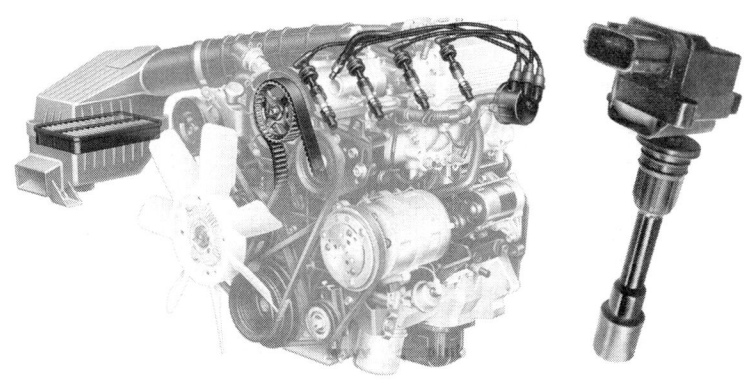

图2—36 直接点火系统

三、火花塞的维护

1. 拆卸火花塞

在拆下高压线时应给各缸做好记号，以便重新安装时不会搞错。拆卸高压线时不要抓住电线猛拉，应该抓住高压线的末端的防尘套扭转着卸下电线，如图2—37所示。

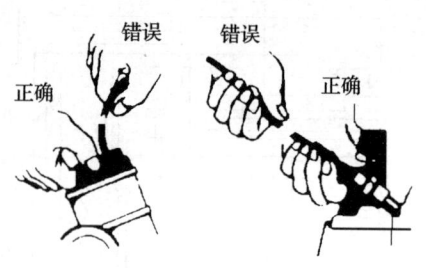

图2—37 拆卸火花塞

如图2—38所示，用火花塞套筒逐一卸下各缸的火花塞。拆卸时火花塞套筒要确实套牢火花塞，否则会损坏火花塞的绝缘磁体，引起漏电。为了稳妥，可用一只手扶住火花塞套筒并轻压套筒，另一只手转动套筒来卸下火花塞，卸下的火花塞应按顺序排好。

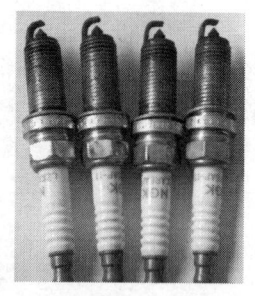

图2—38 用火花塞套筒卸下火花塞

2. 搭火试验

如图2—39所示，将火花塞放置在缸体上（使火花塞能与缸体导通），用从点火线圈出来的中央高压线触到火花塞的接线柱上（不能有间隙），打开点火开关使高压线跳火，让高压电通过火花塞。如果从火花塞间隙处跳火，说明火花塞是好的；如果不从间隙处跳火，说明火花塞的内部磁体的绝缘已被击穿，必须更换这只火花塞。

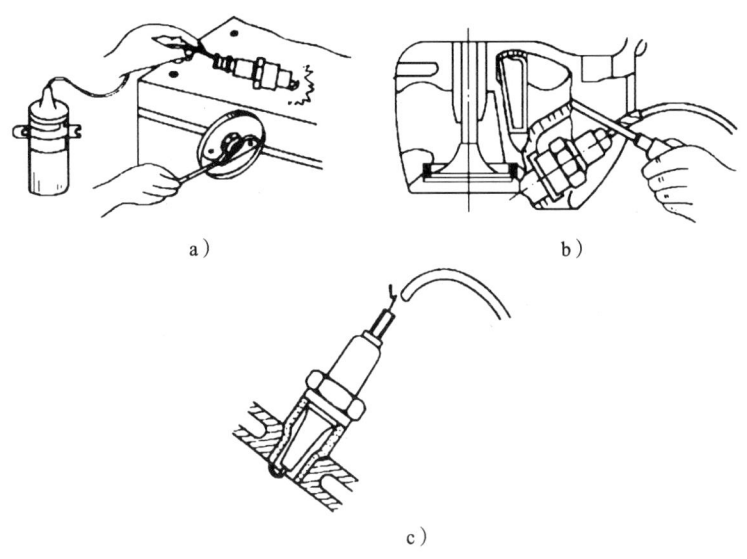

图 2—39　火花塞的搭火试验
a) 跳火试验　b) 断火试验　c) 吊火试验

3. 清洁火花塞

检查火花塞的绝缘体，如果有油污和积炭应清洗干净，瓷芯如果有损坏、破裂，应予以更换。清除积炭时不要用火焰烧烤，如图 2—40 所示。

4. 检查火花塞电极间隙

用塞规测量火花塞电极间隙，其标准值为 0.7~0.9 mm。火花塞电极烧蚀成圆形，则更换新品，如图 2—41 所示。

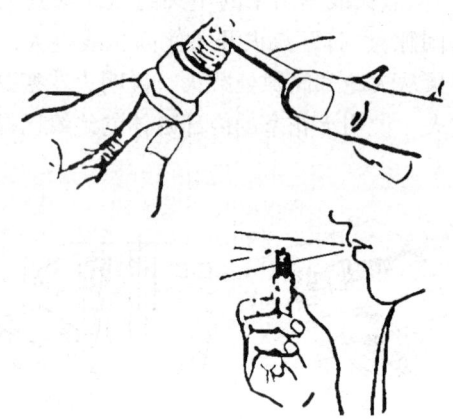

图 2—40　清洁火花塞

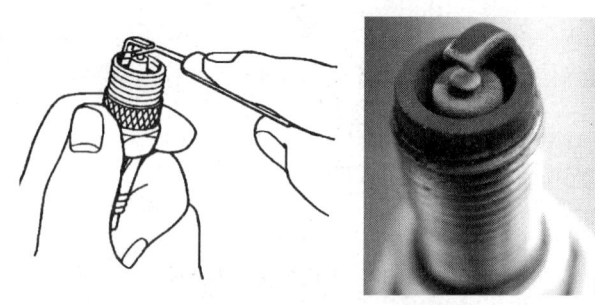

图 2—41　检查火花塞电极间隙

5. 安装火花塞

安装火花塞时，先用手抓住火花塞的尾部，对准火花塞孔，慢慢用手拧上几圈，然后再用火花塞套筒拧紧。连接高压线时要注意各缸线的顺序，不要插错，如图 2—42 所示。

6. 检查调整无触点点火系统的磁极间隙

无触点点火系统使用磁脉冲装置，取代了传统的触点。在使用中没有维护工作，在检查润滑分电器时可对磁极间隙进行检查调整。磁极间隙为 0.3~0.4 mm，调整方法与调整触点间隙的方法相同，如图 2—43 所示。

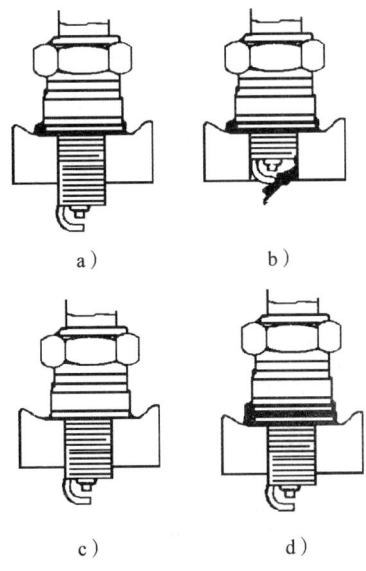

图 2—42 安装火花塞

a) 螺纹伸出太多　b) 螺纹缩进太多
c) 没加密封垫　d) 多加了一个密封垫

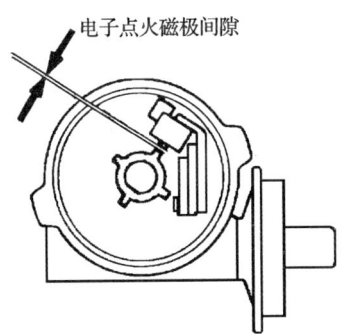

图 2—43 检查调整无触点点火系统的磁极间隙

四、点火正时的调校

1. 找到第一缸压缩上止点位置

取下第一缸的高压分线，用火花塞套筒拆下第一缸火花塞，用拇指或布团堵住火花塞孔，并摇动发动机曲轴。感到汽缸有阻力时，慢慢摇动发动机，同时观察，使正时记号对正，如图2—44所示。

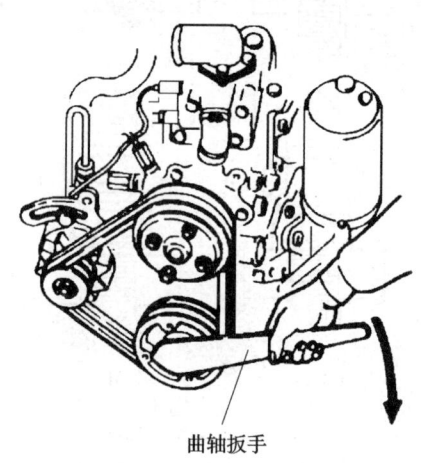

曲轴扳手

图2—44 找到第一缸压缩上止点位置

2. 检验点火正时

转动曲轴到第一缸上止点位置，使曲轴皮带轮和正时齿轮盖上的正时记号对正，如图2—45所示。用点火正时枪检查点火正时，发动机在不同转速下的点火提前角应符合各车的规定要求。

五、点火线圈的维护

在使用中可能出现点火线圈一次绕组、二次绕组、附加电阻的短路、断路、搭铁及绝缘损坏而漏电等故障，致使点火系统不能正常工作。

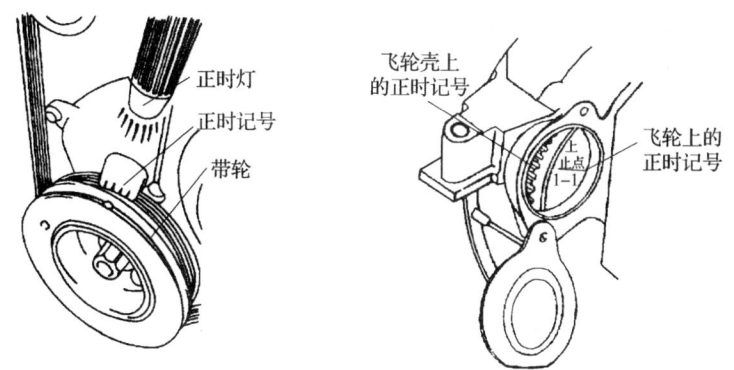

图2—45 用正时枪检验点火正时

1. 一次绕组短路与断路的检查

如图2—46所示,将万用表置 $R \times 1\ \Omega$ 挡,点火线圈"开关"接线柱与"-"接线柱之间的电阻为 $0.5 \sim 2\ \Omega$(不同型号点火线圈的电阻值不等)。电阻值过小为短路;电阻值无限大为断路。"+"接线柱与外壳之间的电阻应为无限大,电阻过小为搭铁故障。

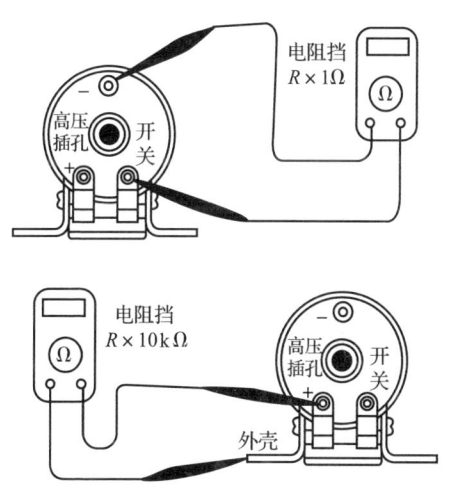

图2—46 一次绕组短路与断路的检查

2. 二次绕组短路与断路的检查

如图 2—47 所示，万用表置 $R \times 10$ kΩ 挡，"高压插孔"与"开关"接线柱之间电阻为 5~15 kΩ（不同型号点火线圈电阻值不等）。电阻值过小为短路，电阻值过大为断路。

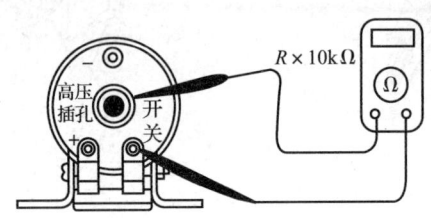

图 2—47　二次绕组短路与断路的检查

3. 附加电阻短路与断路的检查

如图 2—48 所示，万用表置 $R \times 1$ Ω 挡，"+"接线柱与"开关"接线柱之间的电阻为 1.5~2 Ω（不同型号点火线圈电阻值不等）。电阻值过小或是 0 为短路，电阻值无限大为断路。

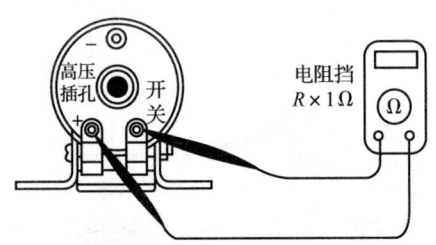

图 2—48　附加电阻短路与断路的检查

模块六　汽油发动机供油系统的维护

一、汽油发动机供油系统的功用
（1）储存汽油。
（2）输送汽油。
（3）根据不同工况向汽缸供应汽油。
（4）使汽油雾化。

二、汽油发动机供油系统的组成与工作原理

现代汽车的汽油供给装置大体上可分为两大类，即汽油喷射方式和缸内直喷方式。

1. 喷射式供油系统

电控汽油喷射系统包括燃料供给系统、进气系统、检测发动机运转状态的各种传感器及电子控制系统，如图2—49所示。

电控汽油喷射系统使用电动泵给汽油加压，并把汽油输送到各汽油喷油器处。燃料供给系统的功能是准备汽油，并将其供给汽油喷油器进行喷射。此外，燃料供给系统还包括输送汽油的供油管、压力调节阀和使多余的汽油返回汽油箱的回油管，如图2—50所示。

进气系统的作用是根据节气门的开度控制发动机的进气量。该系统主要包括空气流量传感器、节气门体和节气门等部件，如图2—51所示。

电控系统主要由传感器、控制模块和执行器组成，如图2—52所示，其主体是一台微机和若干个传感器。在发动机工作过程中，该微机执行两种功能。首先是收集信息，了解发动机的运转工况，其次是根据发动机的运转状态，按照预先给定的程序，计算出最佳汽油喷射量和最佳喷射正时，并发出指令，由汽油喷油器按时按量地进行喷射。微机利用各种传感器收集相关信息，以便

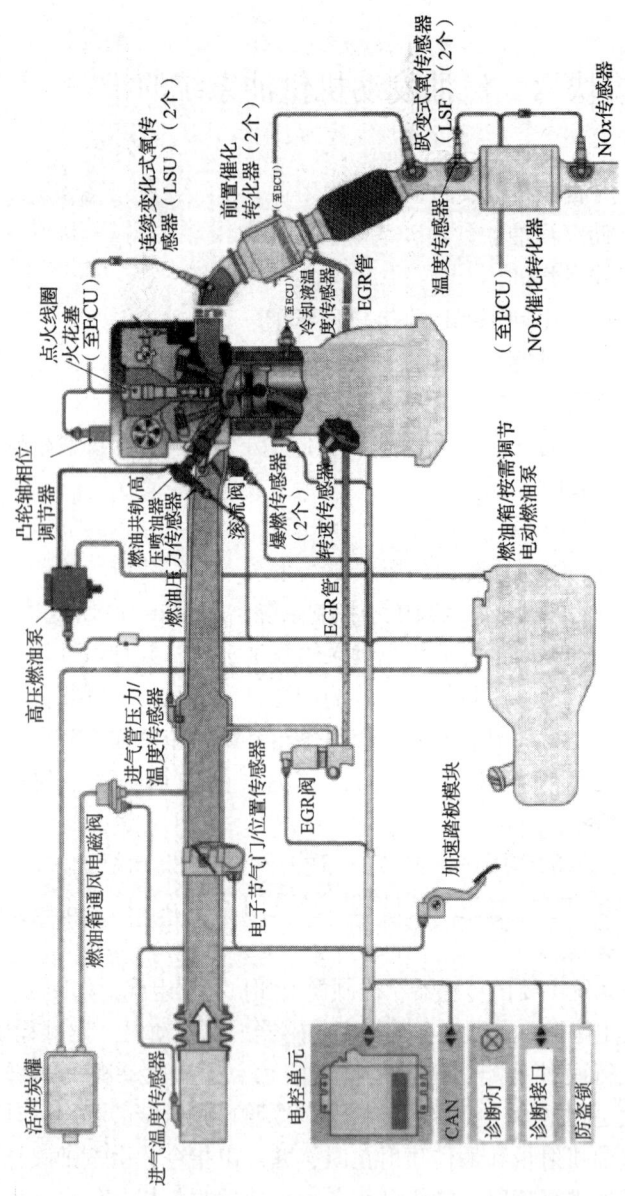

图 2—49 电控汽油喷射系统的组成

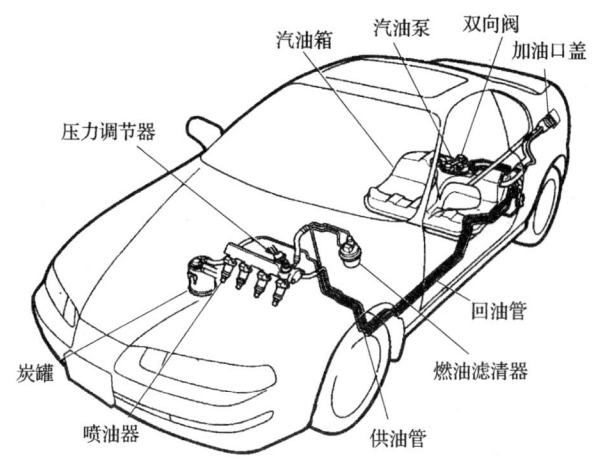

图 2—50 燃料供给系统

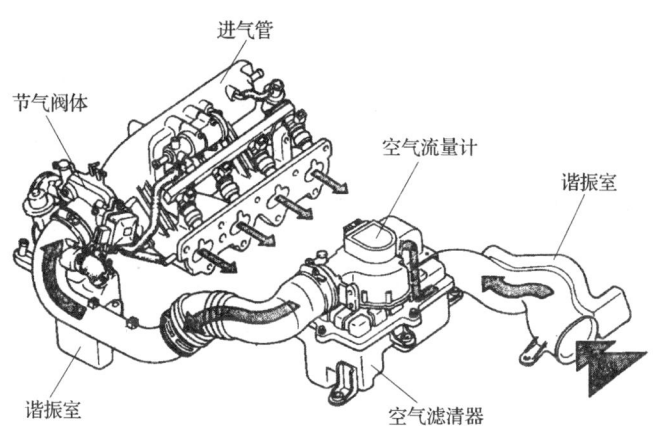

图 2—51 进气系统

了解发动机运转状态。收集的信息有汽车车速、冷却液温度、进气温度、排气中的氧浓度、蓄电池电压、进气流量、发动机转速、节气门开度等。目前电控装置的控制范围越来越大，如在控制燃料喷射的同时，还控制点火提前角；在装有自动变速器的汽车上还控制自动变速器的挡位。

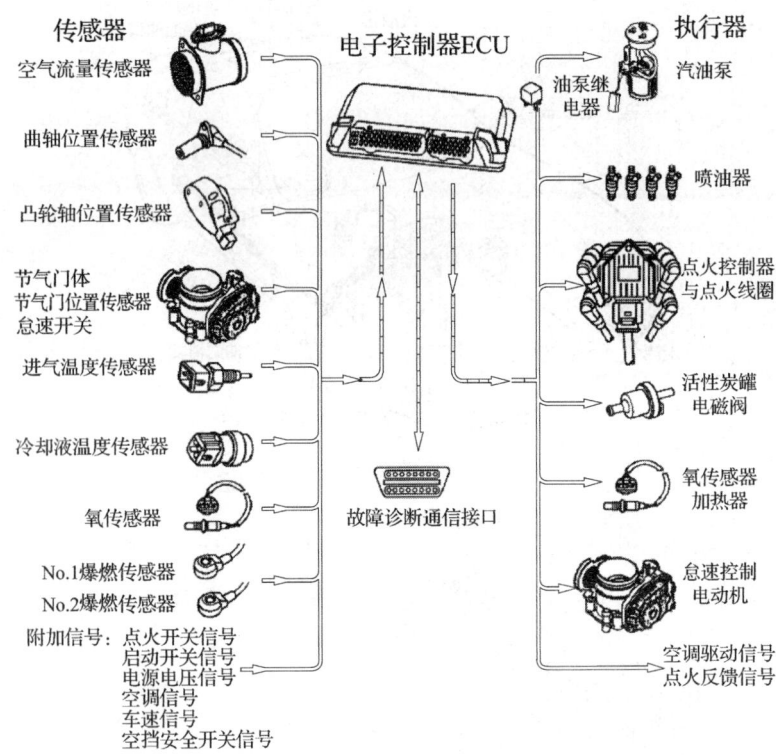

图 2—52 电控系统的组成

2. 缸内直喷式供油系统

缸内直喷式供油就是指直接往汽缸内喷射汽油。与汽油机喷在进气门前或节气门前这种间接喷射的稀薄燃烧不同,缸内直喷其实也是稀薄燃烧的一种,不过是通过用缸内燃油喷射方式实现的,图 2—53 所示为缸内直喷式供油系统。

由于汽油在进气后期喷入汽缸,使缸内充气得到冷却,提高了容积效率,减少了炽热点火倾向和爆燃倾向。利用纯空气扫气,减少了由于燃油进入排气道带来的损失,同时,直接喷射容易造成充量分层,便于实现稀薄燃烧。在采用了电子油门、高压

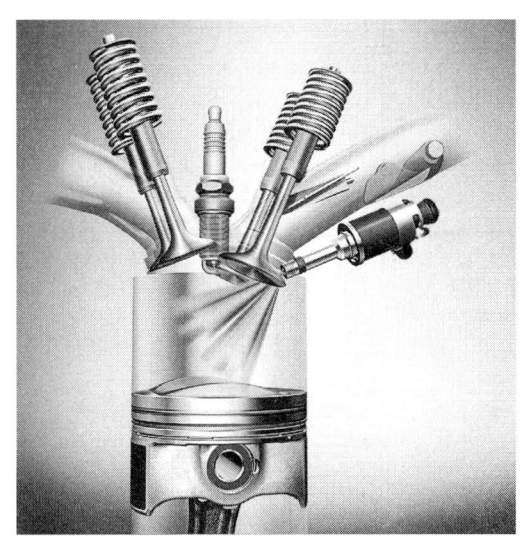

图2—53 缸内直喷式供油系统

燃油供给系统并对喷油正时、点火正时进行电子控制以后,较好地解决了缸内直喷系统易形成积炭、增加HC排放、容易冒黑烟等弊端。所以从长远来看,缸内直喷终将取代传统的燃油喷射系统。

三、电动燃油泵的维护

1. 燃油泵工作状态的检查

如图2—54所示,将电动燃油泵与蓄电池相接(正、负极不能接错),并使电动燃油泵尽量远离蓄电池,每次接通不超过10 s(时间过长会烧坏电动燃油泵电动机的线圈)。如果电动燃油泵不转动,则应更换电动燃油泵。

2. 测量燃油泵电枢绕组的电阻

如图2—55所示,不同型号的燃油泵电阻值不同,一般在十几欧左右。如果经过测量发现电阻过大,说明燃油泵电枢绕组有断路故障;如果电阻过小,则说明电枢绕组存在短路、电刷接触不良故障。

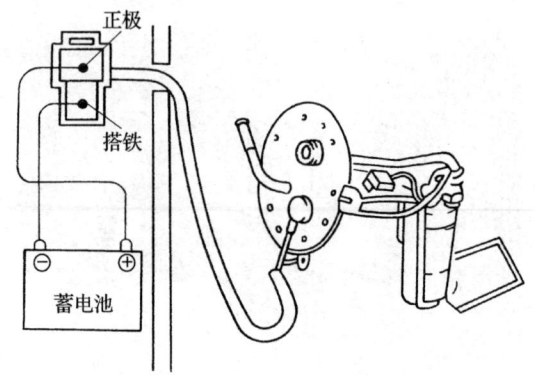

图2—54 燃油泵工作状态的检查

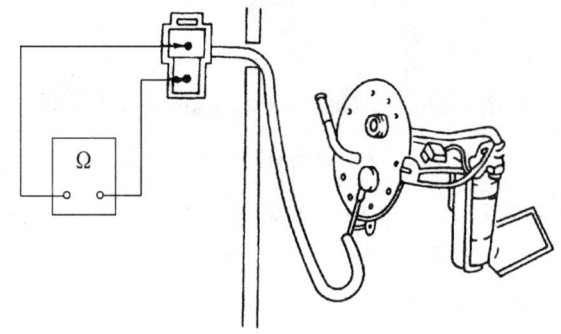

图2—55 测量燃油泵电枢绕组的电阻

3．燃油泵耗电量的检查

拆下燃油泵电源线，串联上电流表，起动发动机，观察耗电量应不大于7 A，如果耗电量过大，说明燃油泵电动机存在短路、阻塞、卡滞等现象，这时会使供油压力不足，如图2—56所示。

4．测量正常情况下的供油压力

如图2—57所示，接上油压表，测量发动机怠速时的供油压力，单点喷射系统油压为69～117 MPa，多点喷射系统油压为242～380 MPa，机械式喷射系统油压为483～621 MPa，详细数值应查阅原厂维修手册。

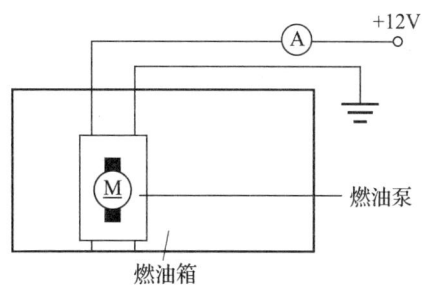

图2—56 燃油泵耗电量的检查

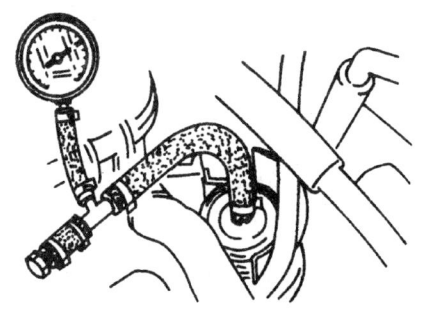

图2—57 测量正常情况下的供油压力（电动燃油泵供油压力的测量）

5．发动机运转时燃油压力的检查

如图2—58所示，起动发动机，让发动机怠速运转，测量此时的燃油压力；缓慢开大节气门，测量在节气门接近全开时的燃油压力。

如图2—59所示，拔下燃油压力调节器上的真空软管，并用手堵住管口，让发动机怠速运转，测量此时的燃油压力。该压力和节气门全开时的燃油压力基本相等。

6．燃油泵单向阀的密封性检查

起动发动机，观察并记录燃油压力，发动机熄火后，油压表的读数在5 min内应不降低，否则燃油泵单向阀损坏，如图2—60所示。

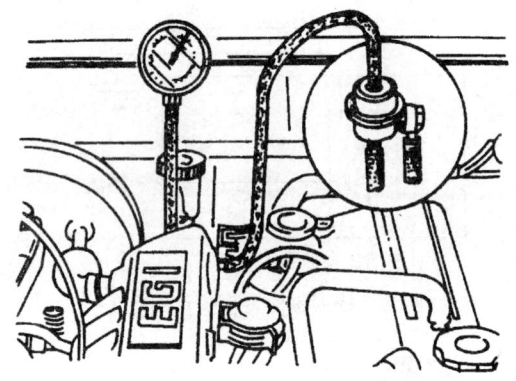

图 2—58　测量发动机运转时燃油压力

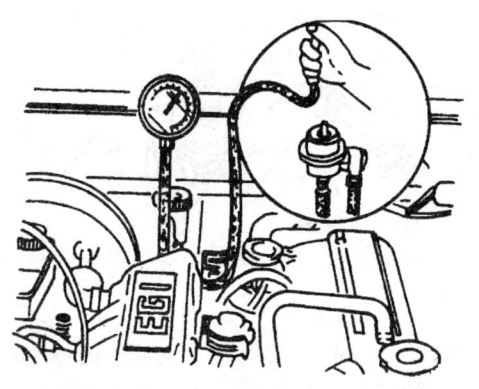

图 2—59　测量拔下燃油压力调节器真空软管后的燃油压力

燃油泵在使用中必须注意以下两点：

(1) 旧油泵不能干试。当油泵拆下后，由于泵壳内剩余有汽油，因此在通电试验时一旦电刷与换向器接触不良，就会产生火花引燃泵壳内汽油而引起爆炸，其后果不堪设想。

(2) 新油泵也不能干试。由于油泵电动机密封在泵壳内，干试时通电产生的热量无法散发，电枢过热就会烧坏电动机，因此必须将油泵浸泡于汽油中进行试验。

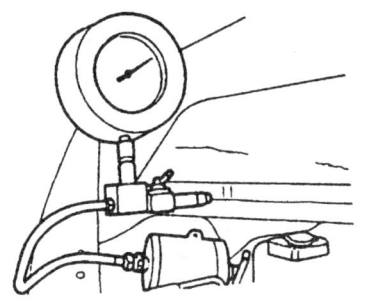

图 2—60 检查燃油泵单向阀密封性

四、喷油器的维护

1. 目测检验

在工作台上铺一块干净的白布,将燃油总管及喷油器内的残余汽油倒在白布上。若发现有铁锈或水珠自燃油总管内或喷油器进油口处倒出,说明喷油器已锈蚀,应予以更换。

2. 喷油器的清洗

用喷油器清洗器或随车喷油器清洗器对喷油器进行清洗,如图2—61所示。

3. 喷油器工作声音的测听

发动机热车后怠速运转时,用旋具或听诊器(触杆式)接触喷油器,通过测听各缸喷油器工作的声音来判断喷油器是否工作。在发动机运转时应能听到喷油器发出有节奏的"嗒嗒"声,这是喷油器在电脉冲作用下喷油的工作声。若各缸喷油器工作声音清脆均匀,则各喷油器工作正常;若某缸喷油器的工作声音很小,则该缸喷油器工作不正常,其原因可能是针阀卡滞,应做进一步的检查;若听不见某缸喷油器的工作声音

图 2—61 喷油器的清洗

则该缸喷油器不工作,应检查喷油器及其控制线路,如图 2—62 所示。

图 2—62 测听喷油器工作的声音

4．断缸检查

发动机热车后使其怠速运转；依次拔下各缸喷油器的线束插头,使喷油器停止喷油,进行断缸检查。若拔下某缸喷油器线束插头后,发动机转速有明显下降,则说明该喷油器工作正常；相反,若拔下某缸喷油器线束插头后发动机转速无明显下降,则说明该喷油器不工作或工作不良,应做进一步的检查,如图 2—63 所示。

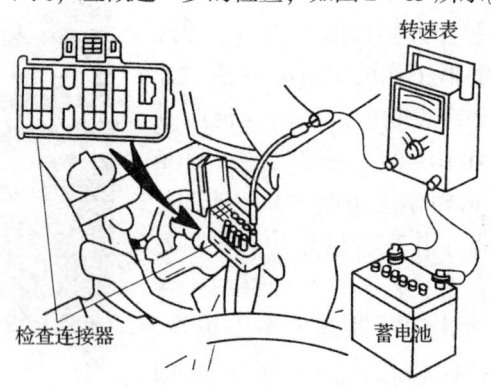

图 2—63 断缸检查喷油器是否工作正常

五、汽油滤清器的更换

当汽油滤清器脏污时应更换滤清器。如果要进行清洗,应先从车上拆下汽油滤清器总成。清洗时要按汽油流动方向逆向进行,这样做只能用于临时救急,事后必须更换滤芯。由于这种滤清器是不可拆式的,若滤清器过脏,不易洗净,需要更换滤清器总成。滤清器装复前应记清进出口位置,不得装反,如图2—64所示。值得注意的是,汽油是易燃物,在更换滤清器时不要吸烟并且远离明火。

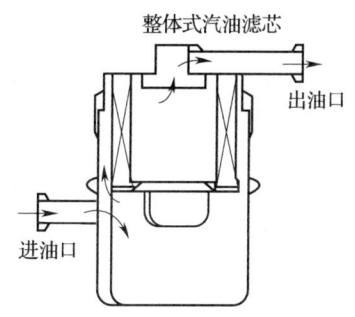

图2—64 滤清器装复前应记清进出口位置不能装反

六、汽油箱的清洗

如图2—65所示,打开燃油箱口,取出滤网筒,吸出燃油箱内部分燃油,箱内留有30 L左右的燃油。将清洗干净的压缩空气管(最好是塑料管)从加油管口插入油箱底部,以 2~3 kg/cm² 的气压吹动燃油箱底部的燃油,使之翻腾而进行清洗。清洗时可用干净的布块稍微堵住插入油管的加油管口,并不断变换气管下端的位置和方向。移动时注意避免碰击油面高度传感器的浮漂。

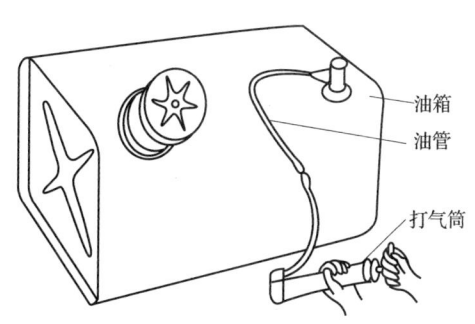

图2—65 汽油箱的清洗

吹洗 20 min 后立即放出油箱内的燃油，使悬浮在油中的杂质随燃油一起流出。如果流出的燃油较脏，应按上述的方法再清洗一遍油箱。

七、汽油供油系统的免拆清洗

发动机的运转是通过高温高压的剧烈燃烧产生动力，在此严格考验的环境下，燃油本身的杂质（如胶质）及高温燃烧产生的微溶碳化物会日积月累地附着于整个发动机系统，包括进气阀、节流阀、喷油嘴、燃烧室，从而严重影响汽车心脏的健康。其具体症状有异常耗油，排黑烟；怠速不稳，高速失速；难起动，常熄火，功率损失；爆燃，车辆性能下降。燃油喷射发动机免拆清洗保养无须外接动力，操作简单，容易掌握，清洗快捷（约 5 min），效果显著，其操作过程如下：

（1）热车 3~5 min。

（2）将油泵电路切断，使油泵不工作。

（3）拧松加油箱塞，释放油箱压力。

（4）怠速起动发动机，将发动机中剩油燃尽。

（5）拆下进油管，依照附件指导书，找到合适接头并连接上。

（6）电喷式发动机需将真空阀软管拔掉，用物件将软管堵住（机械式将回油管堵死）。

（7）连接好清洗罐、压力表，并通过连接管与进油口接头相连。

（8）打开压力表阀（顺时针为开，逆时针为关）。

（9）将车起动，怠速运转至清洗剂燃尽。

（10）发动机自动熄灭后，关闭表阀，拆下清洗罐，用干净布块堵住连接管，打开表阀，将残余连接管内清洗液吸尽。

（11）将接头拆下，恢复原油路连接，并接上油泵电源及真空阀软管。

（12）运行发动机检查连接处有无泄漏。

模块七 柴油发动机供油系统的维护

一、柴油发动机供油系统的功用

柴油机燃料供给系统的功用是根据柴油机的工作要求，定时、定量、定压地将雾化质量良好的柴油按一定的喷油规律喷入汽缸内，并使其与空气迅速而良好地混合和燃烧。

燃料供给系统是柴油机最重要的辅助系统，它的工作情况对柴油机的功率和经济性能都有重要影响。

二、柴油发动机供油系统的组成

柴油机燃料供给系统由燃油供给装置、空气供给装置、混合气形成装置及废气排出装置四部分组成，如图 2—66 所示。燃油供给装置由柴油箱、输油泵、低压油管、滤清器、喷油泵、高压油管和喷油器及回油管等组成。空气供给装置由空气滤清器、进气管等组成，有的还装有增压器。混合气形成装置主要指燃烧室。废气排出装置由排气管及排气消声器组成。柴油发动机与汽油发动机的区别如图 2—67 所示。

三、柴油管路水分的排除

拧松油水分离器下面的排污螺塞，放出污水并观察油水分离器流出的液体，当污水与沉淀物流尽，流出的为清洁的柴油时，拧紧排污螺塞即可，如图 2—68 所示。

如图 2—69 所示，在进行排气作业时，应拧松输油泵手柄，松开放气螺栓，然后上下按压手柄，将柴油泵出来。当泵出来全是没有气泡的柴油时，可以拧上放气螺栓，然后再按压几次输油泵手柄后，用手压住手柄不松，拧开放气螺栓，使管路中最后的空气排出。如果空气还未排除干净，可以重复以上步骤。

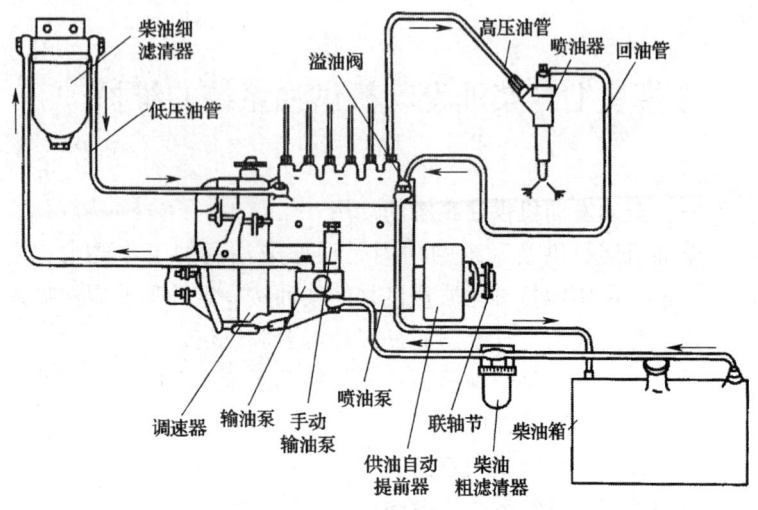

图2—66 柴油发动机供油系统的组成

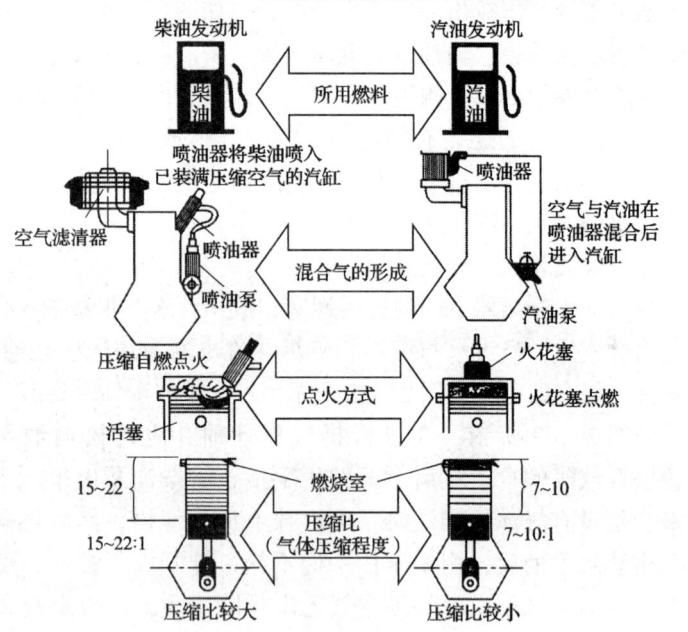

图2—67 柴油发动机与汽油发动机的区别

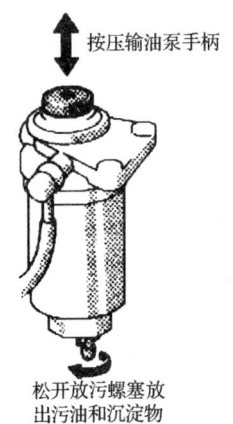

图 2—68 柴油管路水分的排除　　图 2—69 排除柴油管路中的空气

四、柴油滤清器的更换

在更换柴油滤芯时应在新滤清器的衬垫上涂一层薄薄的机油,将滤芯内注满机油后,用手拧上新滤清器。用手缓慢拧上,直到 O 形环紧贴于密封面为止,然后再用滤清器扳手把滤清器进一步拧紧 2/3 圈。

模块八　起动系统的维护

一、起动系统的功用

所谓发动机起动就是用外力转动静止的曲轴,直至曲轴达到能保证混合气形成、压缩和燃烧并顺利运行的转速(称起动转速,通常在 50 r/min 以上),使发动机自行运转的过程,如图 2—70 所示。

常用的起动方法有手摇起动和起动机起动。手摇起动就是把手摇臂嵌入曲轴前端的起动爪内,用人力转动曲轴起动,手摇起动简单但不方便,劳动强度大且不安全,现已很少使用。现代汽车都采用电力起动机起动,由于这种方法操作方便、起动迅速、安全可靠,所以得到了广泛应用。

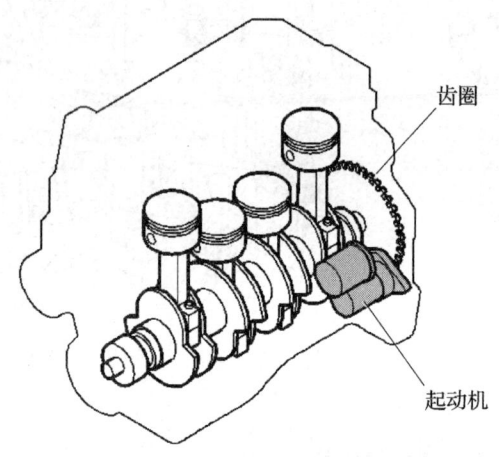

图2—70 起动机的起动原理

二、起动系统的组成

起动系统主要由起动机、起动机继电器、点火开关、起动齿圈等组成,如图2—71所示。起动机主要由直流电动机、传动机构和控制机构组成。直流电动机在直流电压的作用下产生旋转力矩,称为电磁力矩或电磁转矩。起动发动机时,它通过驱动齿轮、飞轮的齿圈驱动发动机的曲轴旋转,使发动机起动。

三、起动机维护作业的程序

拆卸起动机→起动机解体前初步检查与污垢清除→起动机解体与零部件的清洗→起动机零部件的检查与维护(包括电枢总成、励磁绕组、电刷总成、控制装置和传动机构的检查与维护)→起动机的组装→起动机组装后的测量与调整→起动机试验台上的技术性能测试→安装起动机→起动系统的就车检查与调试。

起动机维护作业过程中应注意以下事项:

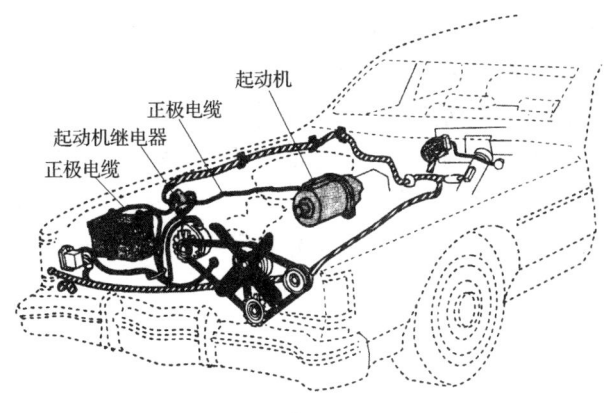

图 2—71 起动系统的组成

(1) 从车上卸下起动机时应先将蓄电池的负极线（接地线）拆除，再拆除起动机上的导线。而拆除接地线之前应关闭点火开关，尤其是装有微处理器控制发动机的车辆更要注意这一点。在安装起动机时则应先接起动机上的导线，再接上蓄电池的正极线（火线）与负极线。而接蓄电池正、负极线之前要使点火开关处在关闭状态，这是保护车上电子装置的必要措施。

(2) 起动机解体和组装时，对于配合较紧的部件严禁生砸硬敲，应使用拉、压工具进行分离与装入，以防止部件的损坏。

(3) 起动机部件除起动机电枢、励磁绕组和电磁开关总成外，均可用液态清洗剂清洗，而这些部件只能用拧干汽油的棉纱进行擦拭，或用压缩空气吹净，以防止由于液体不干而造成短路或失火。

(4) 起动机组装后要先对它进行测量调整，再进行试验台上的运转试验，而做起动机运转试验时一定要先进行空载试验，再进行全制动试验（对于 24 V 起动机，一般提倡先做 12 V 空载试验，再做 24 V 空载试验），以防止因意外故障引起过载而烧坏实验设备或起动机本身。

(5) 起动机进行就车检查与调试时一定要将蓄电池正、负极接线柱的线夹接实，以防止在调试或使用过程中因起动机负载电流的增大而使电压变化无常,烧坏电子器件,特别是装有微处理器控制发动机的车辆更应该注意这一点。

四、起动机驱动齿轮极限位置的检查和调整

将驱动齿轮推到离电枢最远的位置上,检查驱动齿轮与驱动端盖内端面的间隙,间隙值应在 0.5～2.5 mm 之间。若达不到,则应调整电磁开关的滑动阀上的调整螺母或增减电磁开关与驱动端盖之间的垫片,如图 2—72 所示。

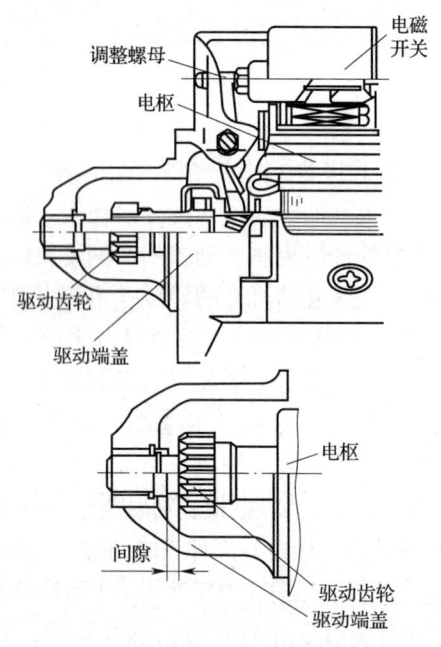

图 2—72 起动机驱动齿轮极限位置的检查和调整

五、电磁开关的检查

用万用表检测电磁开关的吸引线圈电阻,其正常值为 (0.6 ± 0.05) Ω,如图 2—73 所示。

用万用表检测电磁开关的保持线圈电阻,其正常值为 (0.97 ± 0.10) Ω,如图 2—74 所示。

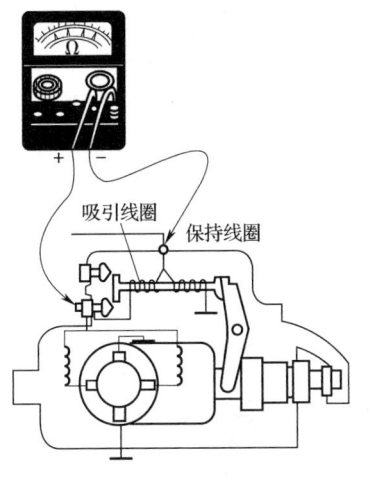
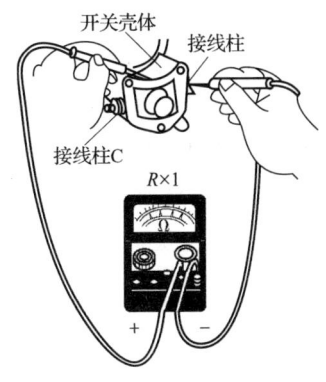

图2—73 检测电磁开关的
吸引线圈电阻

图2—74 检测电磁开关的
保持线圈电阻

用万用表检测电磁开关的接触电阻，检查时可用手推动活动铁芯，使其触盘与两接线柱接触，其正常值为0 Ω，如图2—75所示。

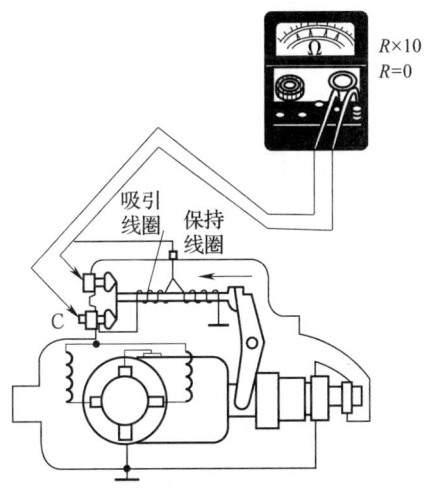

图2—75 检测电磁开关的接触电阻

· 95 ·

如图2—76所示，先将开关接通，逐渐调高电压，当万用表（电阻挡）指示电阻值为0Ω时，电压表的指示值即为开关的吸合电压（正常值为6.0~7.6 V）；然后逐渐调低电压，当万用表指示的电阻值为∞时，电压表的指示值则为开关的释放电压（3.0~5.5 V）。电磁开关的吸合电压和释放电压不应大于其额定压的75%和40%。

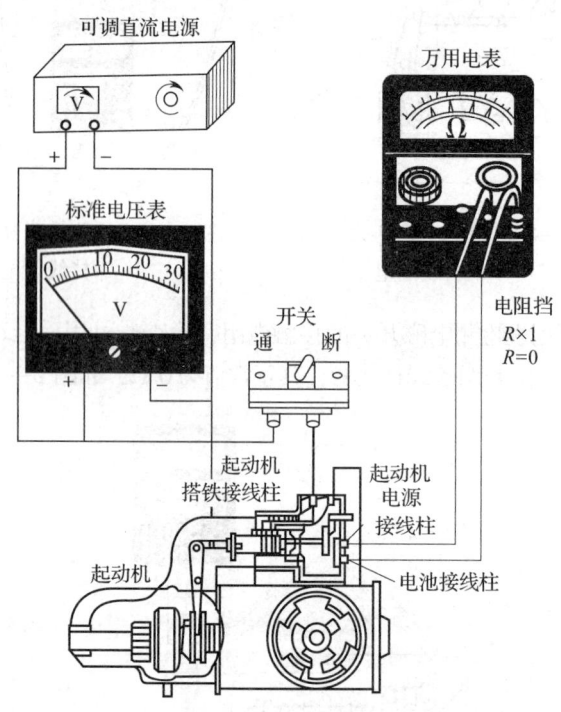

图2—76 检测电磁开关的吸合电压和释放电压

六、驱动齿轮的前端面与端盖凸缘之间距离的调整

用调节锁紧螺母、调整螺钉的位置，即可调整驱动齿轮的前端面与端盖凸缘之间的距离A，其正常值为29~32 mm，如图2—77所示。

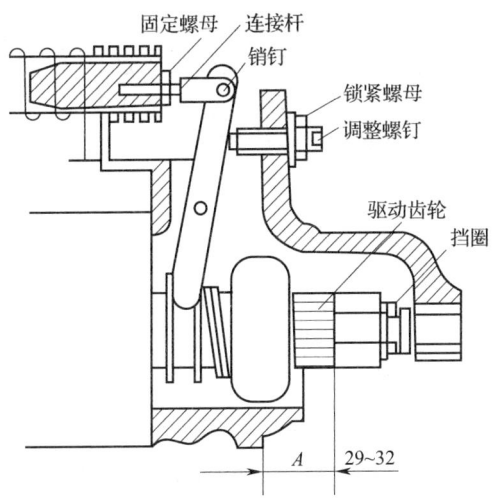

图 2—77 调整驱动齿轮的前端面与端盖凸缘之间的距离

七、驱动齿轮最前端与挡圈之间的间隙调整

调节固定螺母与连接杆的相对位置,即可调整驱动齿轮最前端与挡圈之间的间隙 B,其正常值为 (4.5 ± 1) mm,如图 2—78 所示。

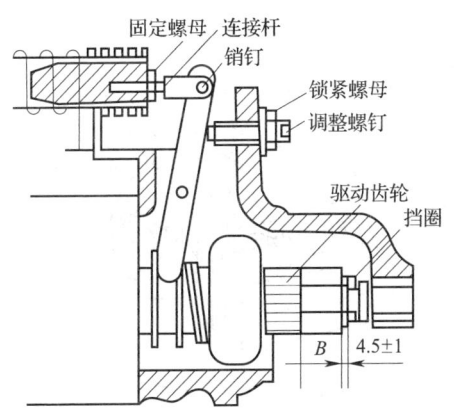

图 2—78 调整驱动齿轮最前端与挡圈之间的间隙

八、电磁开关吸引线圈功能的测试

从接线柱上拆下导线,并将接线柱和起动机外壳接蓄电池的负极,电磁开关接起动开关接线柱,再接蓄电池正极。电路接通后,驱动齿轮被迅速推到工作位置,表明吸引线圈正常,否则应更换,如图2—79所示。

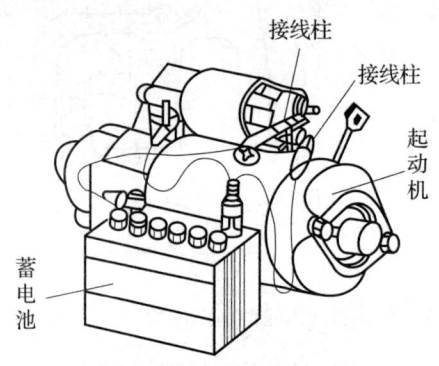

图2—79 测试电磁开关吸引线圈的功能

九、电磁开关保持功能的测试

拆下接线柱上的蓄电池负极接线,驱动齿轮保持推出的位置,表明保持线圈正常,否则应更换,如图2—80所示。

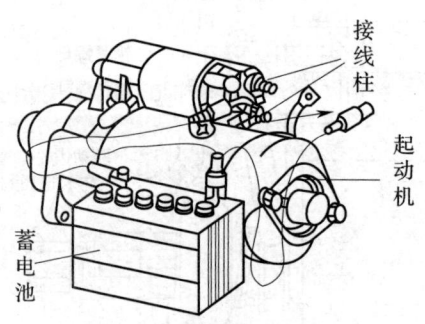

图2—80 测试电磁开关保持功能

十、电磁开关铁芯复位测试

拆下蓄电池负极接外壳的接线夹后,驱动齿轮能迅速返回原始位置即为正常,如图 2—81 所示。

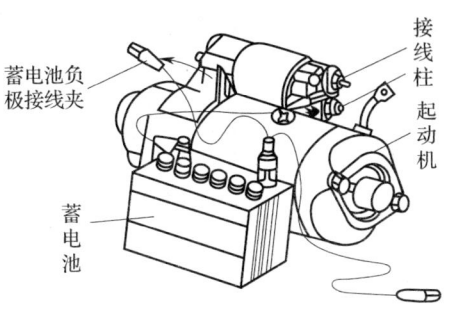

图 2—81　测试电磁开关铁芯复位

第三单元　汽车底盘的维护

汽车底盘主要包括传动系统（离合器、变速器、传动轴、驱动桥）、转向系统、制动系统和行驶系统等部件组成。底盘的维护项目主要有离合器的维护、变速器的维护、传动轴的维护、驱动桥的维护、转向系统的维护、制动系统的维护和行驶系统的维护等。

模块一　离合器的维护

一、离合器的功用

使发动机与传动系统平稳结合或彻底分离，便于起步和换挡，并防止传动系统超过承载能力。离合器的安装位置如图3—1所示。

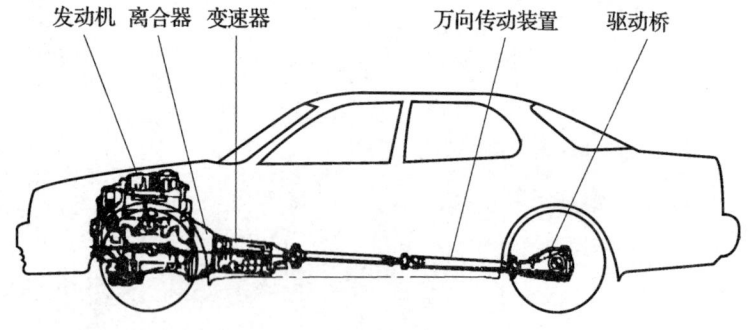

图3—1　离合器的安装位置

二、离合器的组成

如图 3—2 所示，离合器由以下四部分组成：

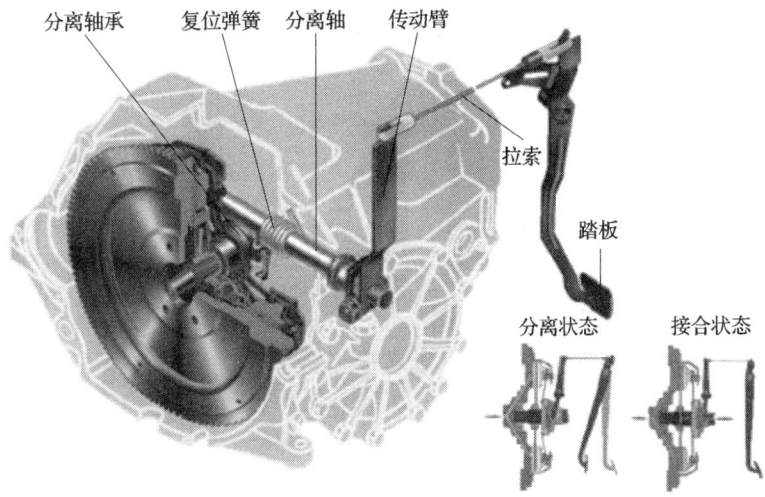

图 3—2　离合器的组成

（1）主动部分：由装在曲轴上的飞轮和压盘组成。
（2）从动部分：双面带摩擦衬片的从动盘。
（3）压紧部分：由压紧弹簧和离合器盖组成。
（4）操纵部分：由离合器踏板、分离叉、分离杠杆、分离轴承和分离套筒组成。

液压式离合器操纵机构主要由踏板、主缸、贮液罐、工作缸及分离叉等组成，如图 3—3 所示。液压式离合器操纵机构摩擦阻力小、质量轻、布置方便，即使"急放"离合器踏板也能使离合器接合柔和。

三、离合器踏板自由行程的检查

将直尺支在驾驶室地板上，测出踏板完全放松时的高度，再用手轻轻推压踏板，感觉阻力增大（即分离轴承端面与分离杠杆内端面刚刚接触）时，停止推压，测出踏板高度。前后两次

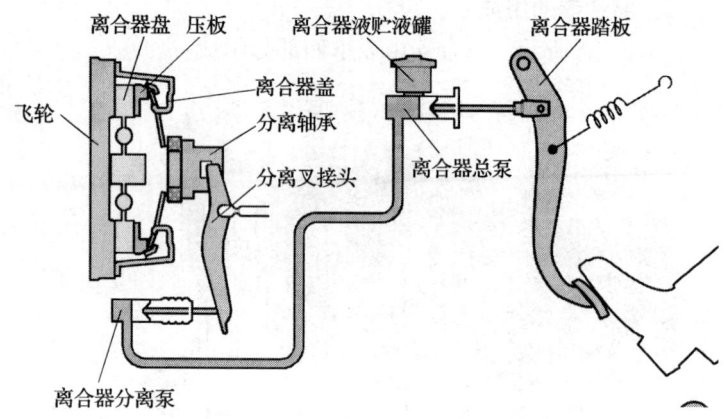

图 3—3 液压式离合器操纵机构

测出的高度差即为离合器踏板的自由行程。一般离合器踏板的自由行程为 35～45 mm，如图 3—4 所示。

四、离合器踏板自由行程的调整

1. 机械式操纵机构的调整

如图 3—5 所示，旋动离合器分离杠杆上的调整螺母，改变拉杆的长度，从而调整踏板的自由行程。先旋松锁紧螺母；若自由行程太大，离合器不能彻底分离，须将球形调整螺母旋入（使拉杆有效长度缩短）；若自由行程太小，离合器打滑，须将球形

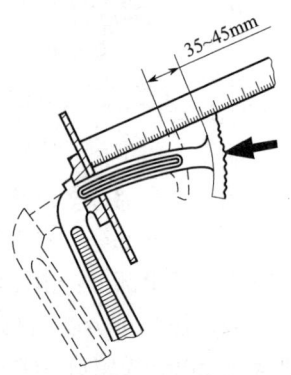

图 3—4 检查离合器自由行程

调整螺母旋出（使拉杆有效长度加长）；再旋紧锁紧螺母。调整后，起动发动机，检查离合器工作是否符合要求。

2. 液压式操纵机构的调整

液压式操纵机构离合器踏板自由行程是主缸活塞与推杆的间隙、分离杠杆内端面与分离轴承的间隙之和。如图 3—6 所示，

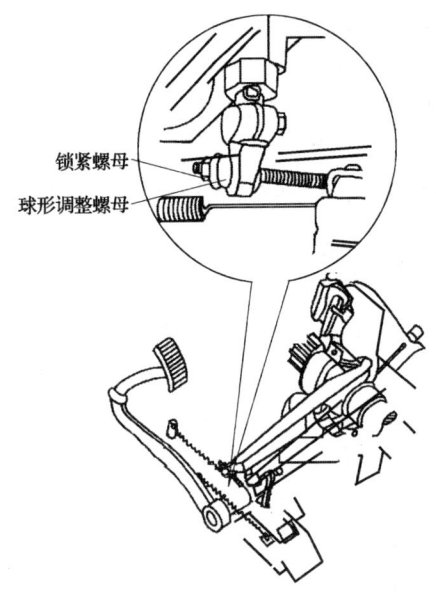

图3—5 调整机械式操纵机构的离合器踏板自由行程

分离杠杆内端面与分离轴承的间隙靠改变主缸活塞推杆长度调整，即改变主缸活塞与活塞推杆的间隙，一般调节偏心螺栓，调好后拧紧锁紧螺母即可。

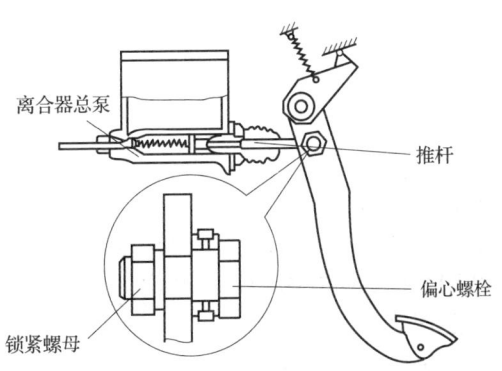

图3—6 调整液压式操纵机构的离合器踏板自由行程

五、离合器自由间隙的调整

在离合器完全分离状态下,松开调整螺钉,用 3~4 mm 的塞尺插入自由间隙处,拧转调整螺钉,改变分离轴承与分离杠杆的间隙到抽动塞尺稍有摩擦感为止,最后拧紧锁紧螺母,如图 3—7 所示。以同样的方法调整另外两处分离轴承与分离杠杆的自由间隙。

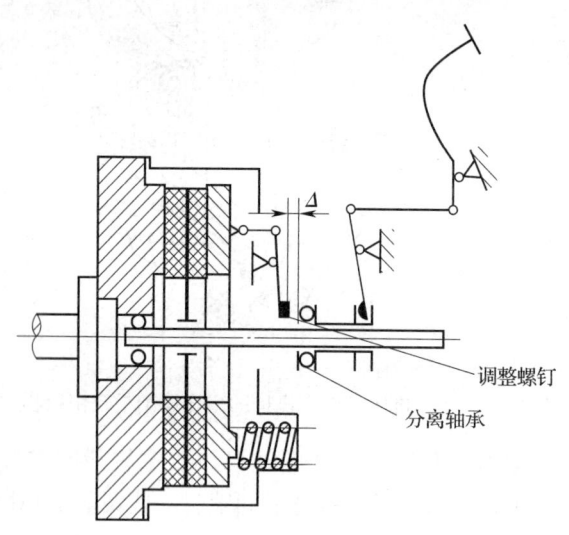

图 3—7 调整离合器自由间隙

模块二 手动变速器的维护

一、手动变速器的功用

手动变速器的功用:改变汽车的行驶速度和扭矩;利用倒挡实现倒车;利用空挡暂时切断动力传递。

二、手动变速器的组成

手动变速器主要由输入轴、输出轴、变速机构、换挡操纵机构、同步器等组成,如图 3—8 所示。

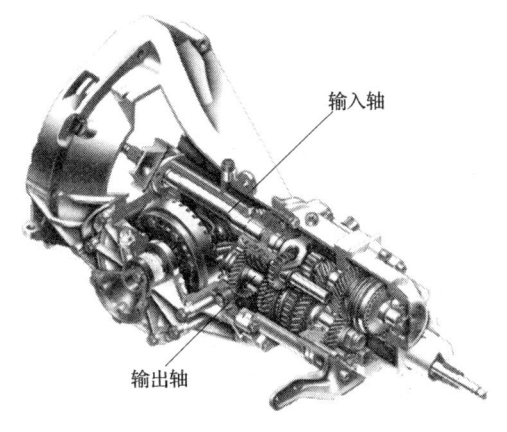

图 3—8　手动变速器的组成

（1）变速器输入轴。变速器输入轴通过离合器与曲轴连接在一起。输入轴的作用是输入动力，输入轴又叫第一轴。

（2）变速器输出轴。变速器输出轴直接和汽车的驱动轴或传动轴连接。输出轴的作用是输出动力，输出轴又叫第二轴。

（3）变速机构。变速器齿轮分别装在变速器的输入轴及输出轴或中间轴上。通过变换齿轮的传动比，使输出轴获得所需要的转速和扭矩。

（4）换挡操纵机构。换挡操纵机构的作用是改变啮合齿轮的组合，实现变速操作的目的。

（5）同步器。同步器的作用是帮助变速齿轮啮合，保证变速操纵平顺。

变速器的结构复杂，加工精度高，在各种产品中很少有像变速器这样的装置，每个零件的加工要求都很高。

在手动变速器汽车上，司机操纵变速杆进行变速。变速操纵机构的作用是把变速杆的动作转化为变速齿轮的变速动作。

变速器的操纵机构有直接操纵式和远距离操纵式两种。一般前置后轮驱动汽车采用直接操纵式（见图3—9），而前置前驱汽车常采用远距离操纵式（见图3—10）。

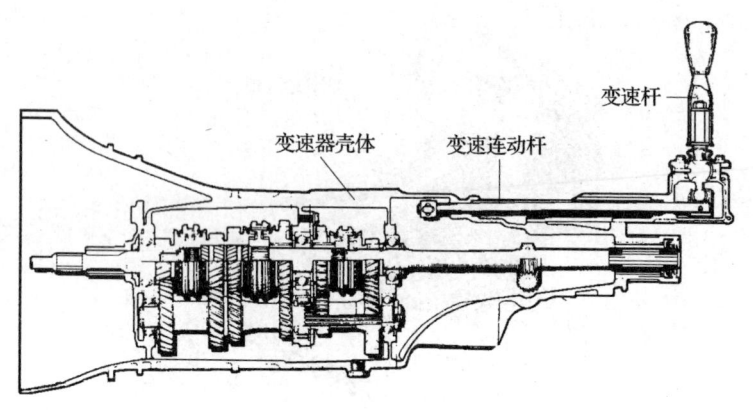

图3—9 手动变速器的直接操纵机构

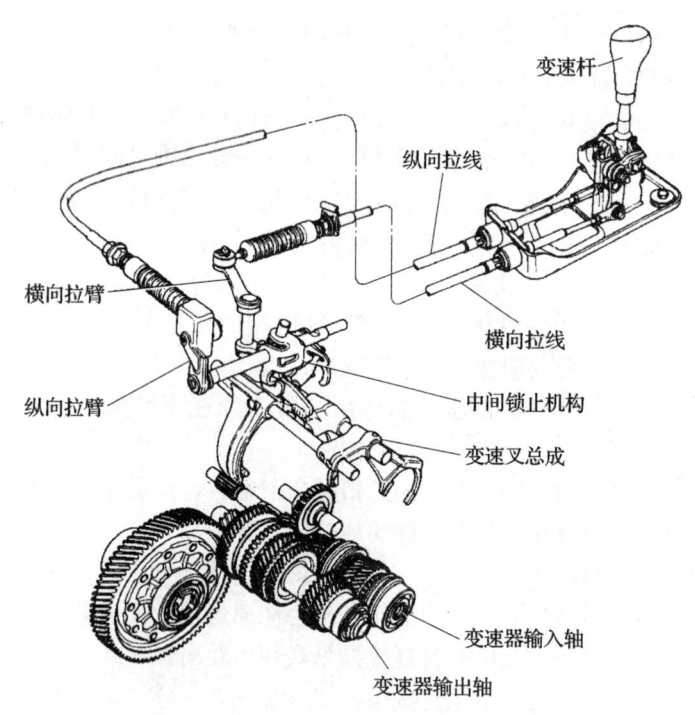

图3—10 手动变速器的远距离操纵机构

三、清洁变速器

(1) 清洁变速器外部,检查变速器壳及各端盖、油封有无裂纹及漏油现象。

(2) 注意通气孔的清洁,要使其保持畅通无阻。

四、润滑油的数量检查

将汽车停放平坦,擦净加油孔边缘及加油螺塞的油污,拧下加油塞,油平面应与塞口相平或略低(夏季油面高度与加油孔下边缘相平,冬季略低 10 mm)。如果看不见润滑油,用手指或弯曲的干净铁丝、硬电线之类的杆状物插入加油口试探,即可知道油平面高低,如图 3—11 所示。

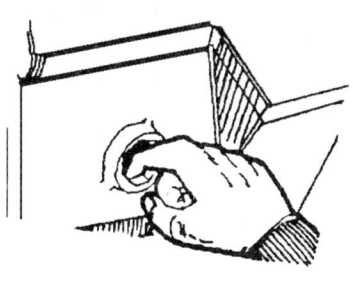

图 3—11 检查润滑油的数量

五、加注润滑油

若缺少润滑油,则需加注。变速器润滑油通常较稠,不易加注,除了使用专用加油枪加注之外,也可用手压球式加油器进行加注,或用长管漏斗加润滑油,如图 3—12 所示。

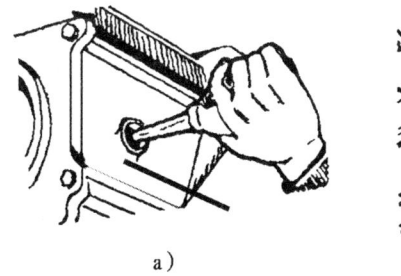 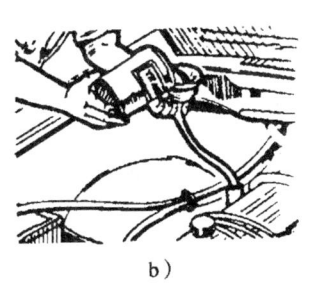

a) b)

图 3—12 加注润滑油
a) 手压球式加注 b) 长管漏斗加注

六、手动变速器润滑油的更换

根据润滑油质的变化规律，行驶一定里程后应更换手动变速器润滑油。

绝大多数手动挡变速箱都在箱体侧设有油位检查螺塞，有些车型不带有该检查螺塞，更换齿轮油时，这两种设置情况有些区别。

1. 有油位检查螺塞的变速箱更换齿轮油的方法

第一步：起动发动机暖车达到正常工作温度。

第二步：找到油位检查螺塞并旋下。

第三步：拆除变速箱齿轮油放油螺塞，放净齿轮油后再拧紧。

第四步：用齿轮油加注器从油位检查孔处向变速箱内加注符合规定的齿轮油。

第五步：到加注的齿轮油从油栓检查孔下线流出为止，拧紧油位检查螺塞。

第六步：如果油位检查孔处加注齿轮油不便，应从里程表线轴盖处加注（具体办法见无油位检查螺塞时的齿轮油加注方法）。

2. 无油位检查螺塞的变速箱更换齿轮油的方法

第一步：起动发动机暖车到正常工作温度。

第二步：找出里程表线在变速箱上的位置，首先拆除里程表线轴盖，再慢慢地抽出传动用塑胶小齿轮。

第三步：拆除变速箱齿轮油放油塞，放净齿轮油，然后拧紧放油螺塞。

第四步：自里程表轴线孔处加注齿轮油。

第五步：按相反程序重新组合即可。

请注意更换齿轮油时必须先拆除加油口里程表轴线或油位检查螺塞，再拆除放油塞以防齿轮油漏出后才发现里程表轴线或油位检查螺塞无法拆除的困难。同时，加入齿轮油油面的位置以不超出"F"范围为止。

模块三 自动变速器的维护

一、自动变速器的优点

（1）汽车起步平稳，能吸收、衰减振动与冲击，提高乘坐的舒适性。

（2）自动适应行驶阻力的变化，在一定范围内进行无级变速，有利于提高汽车的动力性能和平均车速。

（3）液力传动使传动系统的动载荷减少，提高了汽车的使用寿命。

（4）驾驶操纵简单，实现换挡自动化和半自动化，有利于行车安全。

（5）能以较低的车速稳定行驶，提高车辆在坏路面上的通过性。

二、自动变速器的组成与工作原理

自动变速器主要由液力变矩器、齿轮变速器、油泵、控制系统（液力式或电液式）等部分组成，如图3—13所示。

（1）液力变矩器。液力变矩器位于自动变速器的最前端，它安装在发动机的飞轮上，其作用与采用手动变速器的汽车中的离合器相似。它利用液力传递原理，将发动机的动力传给自动变速器的输入轴。此外，它还能实现无级变速，并具有一定的减速增矩功能。

（2）齿轮变速器。齿轮变速器是自动变速器的主要组成部分，它包括齿轮变速机构和换挡执行机构。换挡执行机构可以使齿轮变速机构处于不同的挡位，以实现不同的传动比。大部分自动变速器的齿轮变速机构有3～4个前进挡和1个倒挡。这些挡位与液力变矩器相配合就可获得由起步至最高车速的整个范围内的无级变速。

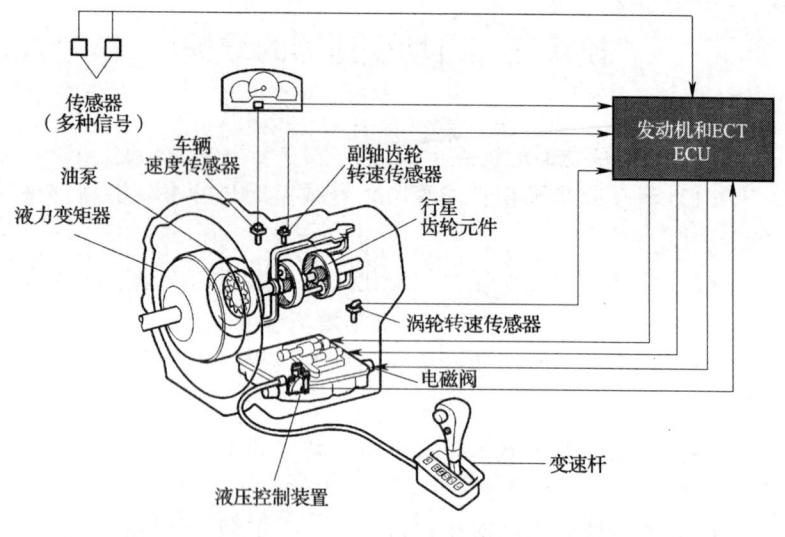

图 3—13　自动变速器的组成

（3）油泵。油泵通常安装在液力变矩器之后，由飞轮通过液力变矩器壳直接驱动，为液力变矩器、控制系统及换挡执行机构的工作提供一定压力的液压油。

（4）控制系统。新型汽车自动变速器的控制系统有液力式和电液式两种。液力式控制系统包括由许多控制阀组成的阀板总成以及液压管路。电液式控制系统除了阀板总成及液压管之外，还包括控制单元、传感器、执行器及控制电路等。阀板总成通常安装在齿轮变速器下方的油底壳内。驾驶员通过自动变速器的操纵手柄改变阀板总成内的手动阀的位置。控制系统根据手动阀的位置及节气门开度、车速、控制开关的状态等因素，利用液压自动控制原理或电子自动控制原理，按照一定的规律控制齿轮变速器中的换挡执行机构的工作，实现自动换挡。

自动变速器是由驾驶员通过驾驶室内的操纵手柄来操作的。操纵手柄布置在转向柱上或地板上。不论布置在哪个位置，操纵手柄都有 5~8 个挡位。图 3—14 所示是一种有 6 个挡位的自动变速器操纵手柄，目前大部分轿车自动变速器的操纵手柄都是采用这种布置方式。

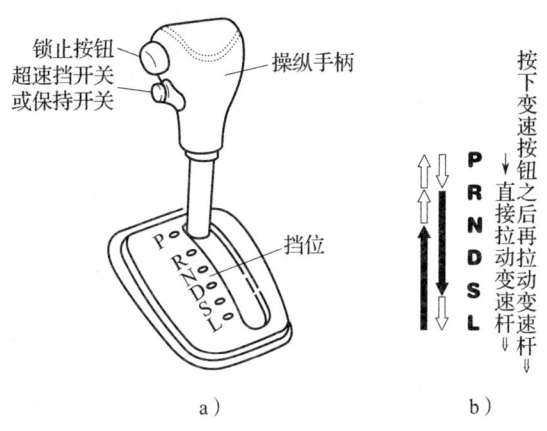

图 3—14　6 挡位自动变速器操纵手柄
a) 结构　b) 操纵方法

三、变速器油的油面高度检查

1. 油面高度标准

每台自动变速器油液的加油量都有明确的规定。总的原则是当把液力自动变速器及换挡执行元件各操纵油缸都充满之后，在自动变速器油底壳里的油面高度应低于行星齿轮机构等自动变速器中的旋转件的最低位，以免油液在使用中剧烈地搅动产生泡沫。但油面高度必须高于阀体在变速器壳安装的接合面，以免阀体在工作中渗入空气，影响液力自动操纵油路系统各阀体的正常工作。

2. 检查方法

如图 3—15 所示，变速器油的油面高度检查方法如下：
（1）将汽车停放在水平地面上，并拉紧制动。
（2）让发动机怠速运转，使自动变速器油液温度达到正常工作温度（50~80℃）。

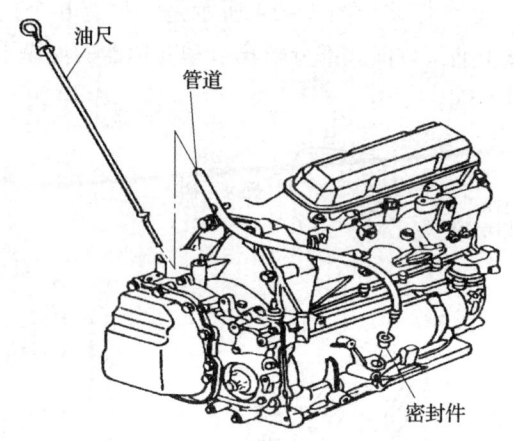

图3—15 检查变速器油的油面高度

(3) 踩住制动踏板,将操纵手柄拨至各个位置并在每个挡位上停留几秒钟,使液力变矩器和所有换挡执行元件中都充满液压油。

(4) 最后将操纵手柄拨至驻车挡(P)或空挡(N)位置。

(5) 打开油尺锁止杆,拉出油尺,用干净的布擦拭后完全插入加油管后再拔出,检查油尺上的油面高度。

如果自动变速器处于冷态(即冷车刚刚起动,液压油的温度较低,为室温或低于25℃),油面高度应在油尺刻线的下限附近;如果自动变速器处于热态(如低速行驶5 min以上,液压油温度已达70~80℃),油面高度应在油尺刻线的上限附近。这是因为低温时液压油的黏度大,运转时有较多的液压油附着在行星齿轮等零件上,所以油面较低;高温时液压油黏度小,容易流回油底壳,因此油面较高。自动变速器的油尺识别如图3—16所示。

3. 更换变速器油

第一步:行驶车辆,使自动变速器达到正常工作温度(50~80℃)后停车熄火。

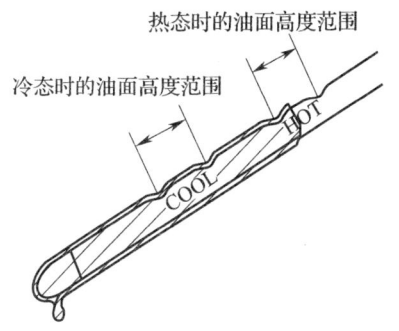

图 3—16 自动变速器的油尺与油位

第二步：拆下自动变速器底壳上的放油螺塞，将油底壳内的液压油放净。有些车型的自动变速器油底壳上没有放油螺塞，应拆下整个油底壳，拆油底壳时应先将后半部油底壳螺钉拆下，拧松前半部油底壳螺钉，再用工具将后半部油底壳撬下，放出部分油液，最后再将整个油底壳拆下，然后放油，如图 3—17 所示。

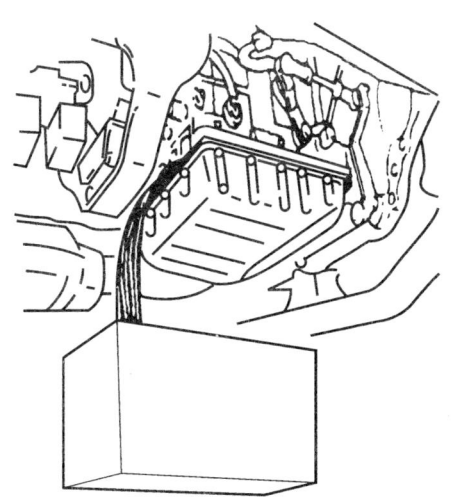

图 3—17 拆下油底壳放出变速器油

第三步：拆下油底壳，将油底壳及其他相关零件清洗干净。有些自动变速器油底壳上的放油螺帽是带磁性的，有些自动变速器油底壳内还专门放置了一块磁铁，目的都是为了吸附油液中的铁屑，清洗时应注意将吸附的铁屑清洗干净。

第四步：拆下自动变速器液压油散热器油管接头，用压缩空气将散热器内的残余液压油吹出，再装好油管接头。

第五步：装好油底壳和放油螺塞。

第六步：从自动变速器加油口加入规定牌号的液压油，如图3—18所示。

第七步：起动发动机，检查自动变速器的油面高度。要注意由于新加入的油液温度较低，油面高度应在油尺刻线的下限附近。如果油面太低，应继续加油至规定油面高度。

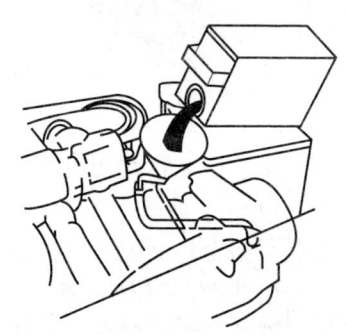

图3—18 从自动变速器加油口加油

第八步：让汽车行驶至发动机和自动变速器达到正常工作温度，再次检查油面高度是否在油尺刻线的上限附近。如果过低，应继续加油，直至满足规定要求为止。

第九步：如果不慎将液压油加入过多，应把油放掉一些，有放油螺塞的自动变速器只要把螺塞打开即可放油；没有放油螺塞的自动变速器在做少量放油时可从加油管往外吸。

4. 换油周期

通常在我国道路条件和使用环境下，自动变速器轿车每正常行使 40 000～80 000 km 应更换一次自动变速器油液。如国内常见轿车自动变速器的换油周期是上海大众、一汽大众、一汽轿车、东风雪铁龙、广州本田和福特等系列轿车均为 60 000 km 换一次油液，丰田系列轿车一般规定每 40 000 km 换一次油液。

四、变速器油的油质检查

1. 检查方法

如图3—19所示,将油尺上的液压油滴在干净的白纸上,检查液压油的颜色及气味,通常每年应检查一次自动变速器油液的品质。正常的油液为红色或粉红色的透明液体,并有类似新机油的气味,使用半年以上的正常油液是略带褐色的红色透明液体。

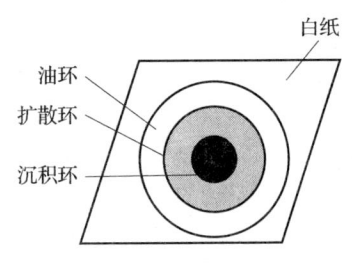

图3—19 检查变速器油的油质

2. 油质与故障

可从自动变速器的油质状态确定自动变速器的故障,其对照见表3—1。

表3—1 自动变速器的油质状态与变质原因

油液状态	油液变质原因
油液清洁、带红色	正常
油液变为极深暗色、红色或褐色	(1) 没有及时更换油液 (2) 长期重载荷运转,或某些部件打滑、损坏引起变速器过热,油液过热
油液中有杂质	离合器片、制动器片或单向离合器片严重磨损
油尺上黏附胶质油膏	变速器油温过高,造成油液已氧化,出现变质
油液有烧焦味	(1) 油温太高,油面太低 (2) 油冷却器或管路堵塞
油液从加油管溢出	(1) 油面过高 (2) 通气孔堵塞
乳色泡沫状	冷却液进入油冷却器
黑色,并带有颗粒状悬浮物,有恶臭	离合器和制动器已经烧坏

五、变速器油的漏油检查

1. 常见的漏油部位

液压控制系统的各连接部位上都有油封和密封垫,这些部位是常见发生漏油的地方,如图3—20所示。液压系统漏油会引起油路压力下降,油位下降是换挡打滑和延迟的常见原因。

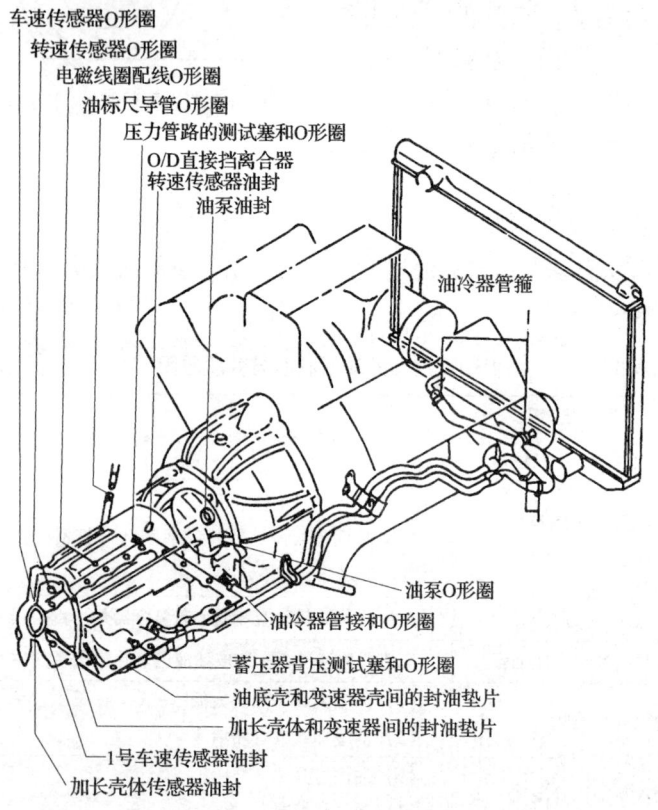

图3—20 自动变速器的主要漏油部位

2. 漏油部位的判断

将变速器壳体上所有能与大气相通的部位(进油管和通风

孔等处）密封好，并在变速器壳体上涂肥皂水，然后通过冷却系统的回流管路向变速器壳体内泵入空气，变速器壳体上有气泡冒出的地方就是真正漏油的部位，如图3—21所示。

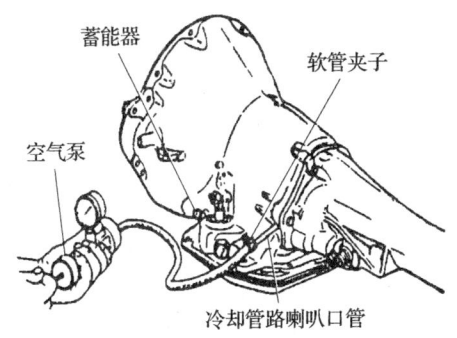

图3—21　判断自动变速器的漏油部位

模块四　万向传动轴的维护

一、万向传动轴的功用

万向传动装置连接两根轴线不重合，而且相对位置经常发生变化的轴，并能可靠地传递动力。图3—22所示为万向传动轴的位置。

二、万向传动轴的组成

前轮驱动轿车的万向传动装置由球笼式等速万向节和传动轴组成，货车的万向传动装置一般由十字轴刚性万向节和传动轴组成。图3—23所示为万向传动轴的组成。

三、万向传动轴的检查

检查传动轴防尘罩及夹箍是否有裂损、老化，若有裂损应更换，如图3—24所示。用手握住传动轴的两边，来回急速转动，不应有撞击声和显著的松动量，如图3—25所示。检查连接螺栓、防尘胶套及中间支撑等部位是否松动，如图3—26所示。

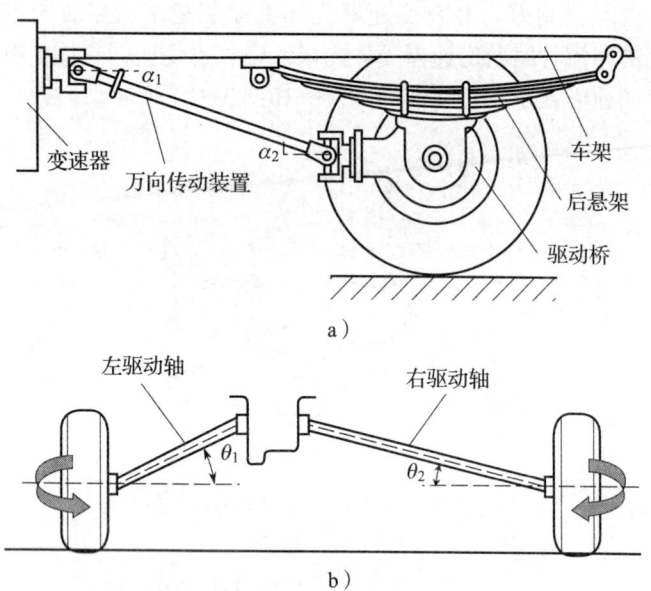

图 3—22 万向传动轴的位置

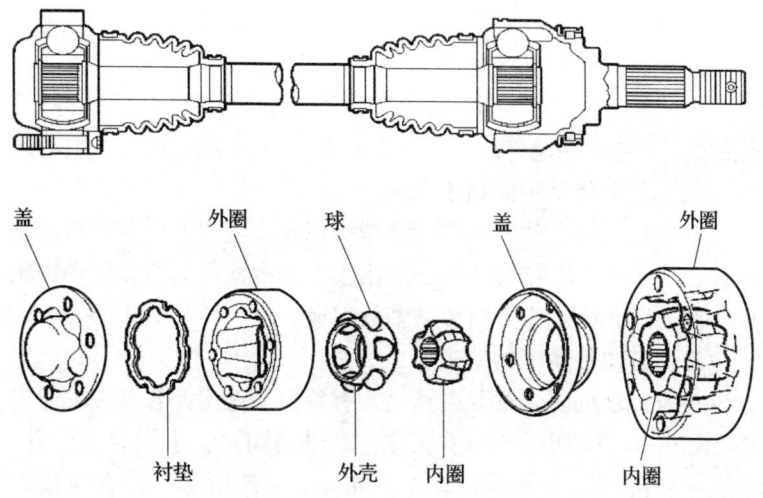

图 3—23 万向传动轴的组成

图3—24 用手弯曲、挤压等速万向节球笼的橡胶防尘罩,查找是否有裂纹或擦伤

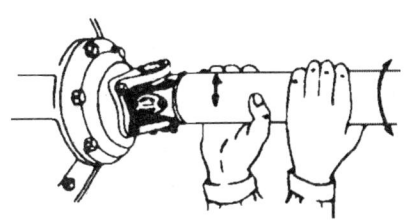

图3—25 检查传动轴的松动量

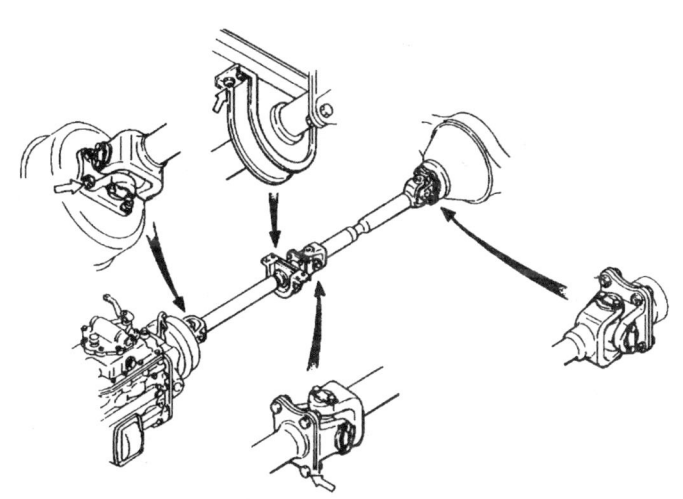

图3—26 检查连接螺栓、防尘胶套及中间支撑等部位是否松动

模块五　驱动桥的维护

一、驱动桥的功用

驱动桥的基本功用是将发动机输出的扭矩经过它最后传到驱动车轮。

二、驱动桥的组成

如图3—27所示，驱动桥由主减速器、差速器、半轴和桥壳等组成，对于转向驱动桥还包括万向传动装置。

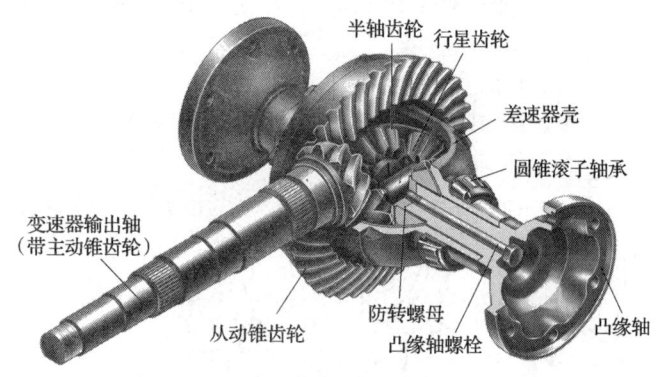

图3—27　驱动桥的组成

三、驱动桥的清洁

（1）清洁减速器外部，注意通气塞的清洁，始终保持通气塞畅通。

（2）检查减速器及后桥是否漏油或有无漏油痕迹，若有应查明漏油原因。

四、主减速器齿轮啮合印痕的检查

检查时须将齿面擦洗干净，在主动圆锥齿轮相邻的三四个齿面上均匀地涂上一层薄薄的红丹油，来回转动主动齿轮，根据齿面接触印痕判断啮合状况。

如图3—28所示，从动齿轮齿面上的接触印痕长度应为全齿长的2/3，距小端边缘3~4 mm，距齿顶边缘0.8~1.6 mm。主动齿轮和从动齿轮啮合印痕的长度和高度应分别不小于全齿长和齿高的50%，否则要进行调整。

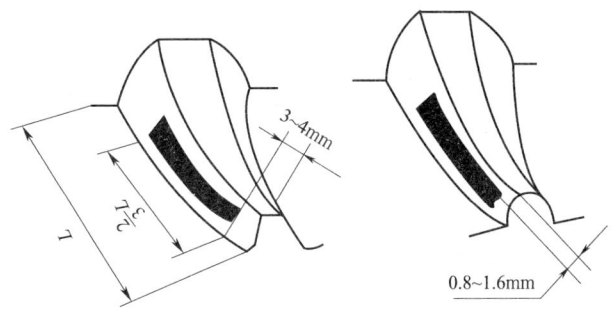

图3—28 检查圆锥主、从动齿轮啮合

五、主减速器齿轮啮合印痕的调整

增减调整垫片或转动调整螺母可改变主动与从动圆锥齿轮的啮合间隙，如图3—29所示。

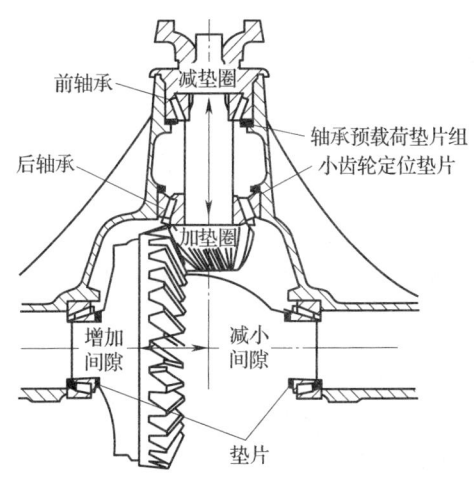

图3—29 改变主动与从动圆锥齿轮的啮合间隙

根据主减速器两圆锥齿轮啮合处的接触印痕来调整啮合间隙，其方法见表3—2。

表3—2　　　　　　调整啮合间隙的方法

接触印痕位置	调整方法
	当接触印痕在从动齿轮轮齿小端时，应将从动齿轮移离主动齿轮。假如因此而使齿隙过大，可将主动齿轮向内靠拢
	当接触印痕在从动齿轮轮齿大端时，应将从动齿轮向主动齿轮靠拢。假如因此而使齿隙过小，可将主动齿轮向外移开
	当接触印痕在从动齿轮轮齿顶端时，应将主动齿轮向从动齿轮靠拢。假如因此而使齿隙过小，可将从动齿轮向外移开
	当接触印痕在从动齿轮轮齿根部时，应将主动齿轮移离从动齿轮。假如因此而使齿隙过大，可将从动齿轮向内靠拢

注：实线先调整，虚线后调整。

模块六　转向系统的维护

一、转向系统的功用
汽车转向系统的功用就是改变和保持汽车行驶方向。
二、转向系统的组成
机械转向系统以驾驶员的体力作为转向能源，其中所有传力件都是机械的。机械转向系统由转向操纵机构、转向器和转向传动机构三大部分组成。图3—30和图3—31所示分别为轿车常用齿轮齿条式转向器和货车常用循环球式转向器。

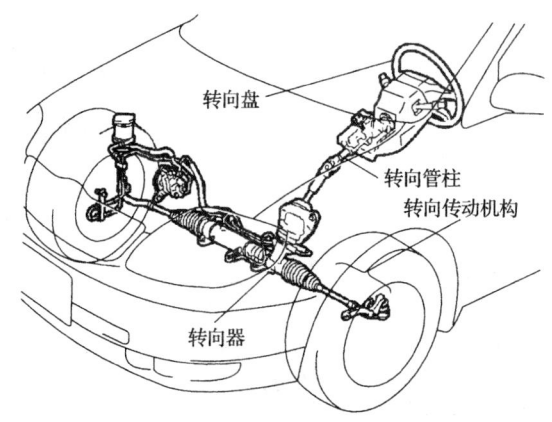

图3—30 轿车常用齿轮齿条式转向器

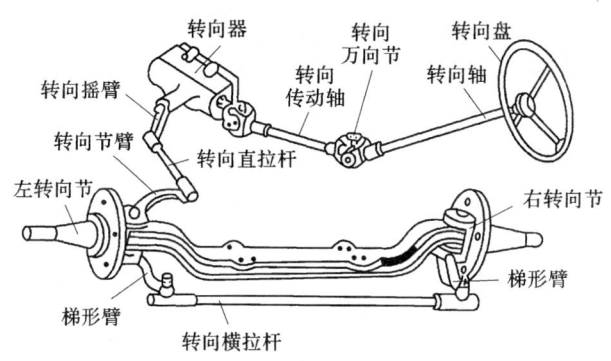

图3—31 货车常用循环球式转向器

动力转向系统是兼用驾驶员体力和发动机动力为转向能源的转向系统。在正常情况下，汽车转向所需能量只有一小部分由驾驶员提供，而大部分是由发动机通过转向动力装置提供的，但在转向加力装置失效时，一般还是应当能由驾驶员独立承担汽车转

· 123 ·

向任务。因此，动力转向系统是在机械转向系统的基础上加设一套转向加力装置而形成的。

属于转向加力装置的部件有储油罐、转向泵、转向控制阀和转向动力缸，如图3—32所示。

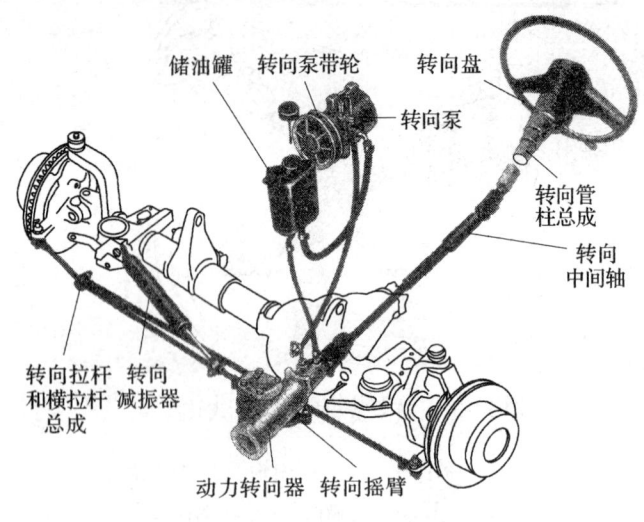

图3—32 动力转向系统

三、转向盘自由行程的检查

如图3—33所示，汽车处于直线行驶位置，左右转动转向盘（动力转向系统的车辆，起动发动机后做此检查），最大游动间

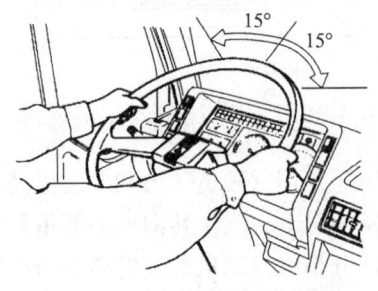

图3—33 检查转向盘自由行程

隙由中间向左、右不应超过15°。若游动间隙超标，说明转向系统各部件间隙过大，需进行调整。

四、转向盘松旷量检查

两手握住转向盘，将转向盘向上下、前后、左右方向摇动推拉，如图3—34所示，应无松旷的感觉。如果有松旷的感觉，说明转向机构内轴承需要调整。

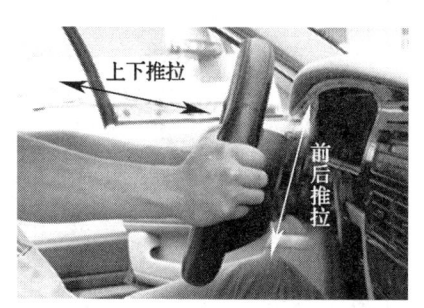

图3—34　检查转向盘松旷量

五、检查转向机构各连接螺栓、球头

如图3—35所示，左右转动转向盘，查看转向机摇臂、横拉杆、直拉杆、转向臂球销固定螺帽，应无松脱现象，开口销无缺损，否则应予以拧紧配齐。

六、转向器啮合间隙或预紧度的调整

用内六角扳手把转向器下盖处的转向蜗杆轴承调整螺塞拧到底，然后再退回1/8～1/4圈即可，如图3—36所示。

松开转向摇臂轴调整螺钉的锁紧螺母，用旋具顺时针旋转调整转动蜗杆轴至有摩擦阻力感觉为止，如图3—37所示。

用套筒扳手拧紧锁紧螺母。锁紧时不得转动调整螺塞，否则需重新调整，如图3—38所示。

七、检查动力转向液压油量

动力转向液压油的油面应保持在油尺的刻线之间，如图3—39所示。

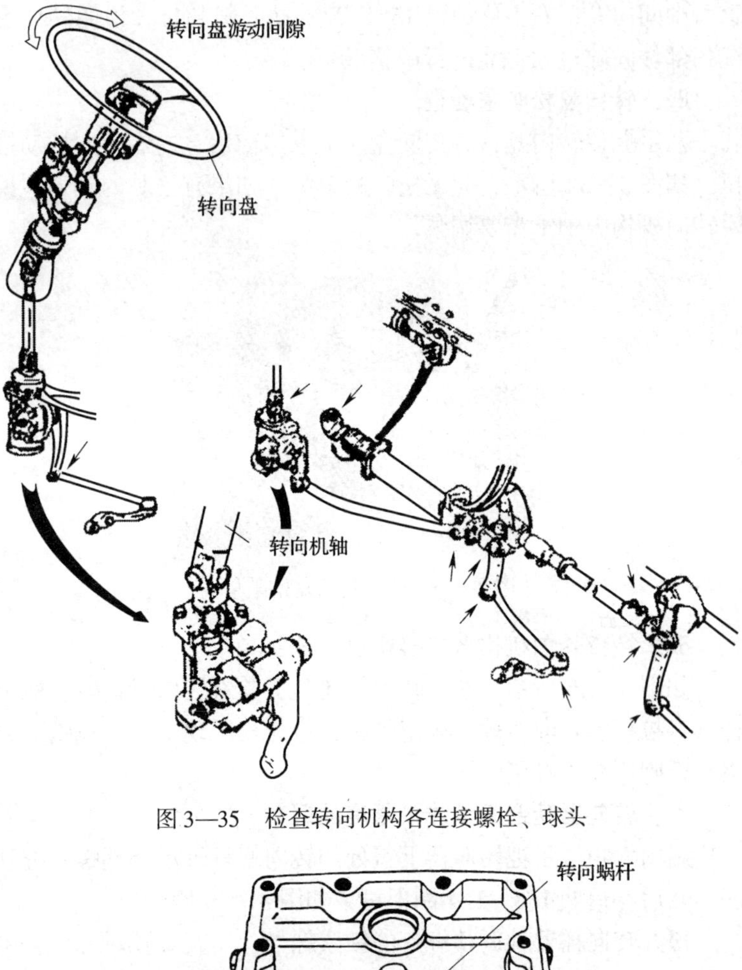

图3—35 检查转向机构各连接螺栓、球头

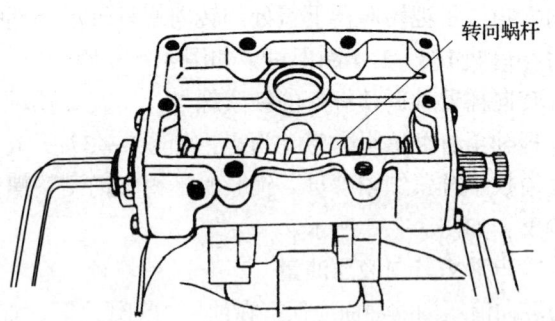

图3—36 拧紧转向蜗杆轴承调整螺塞

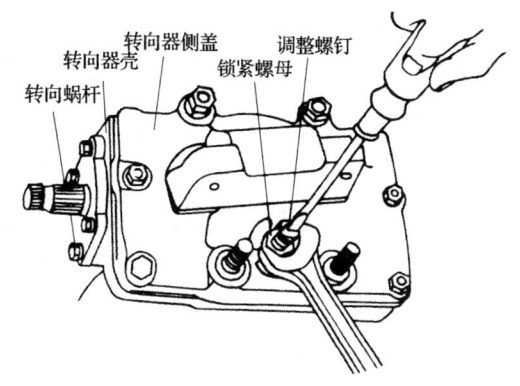

图3—37 松开转向摇臂轴调整螺钉的锁紧螺母

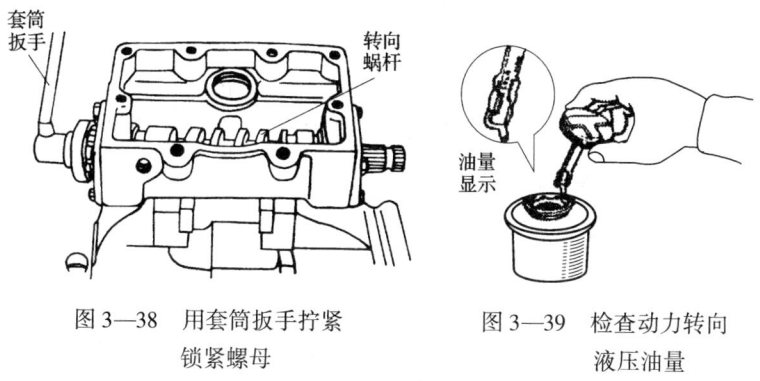

图3—38 用套筒扳手拧紧锁紧螺母

图3—39 检查动力转向液压油量

八、动力转向系统的密封性检查

转向系统密封性的检查应在热车时进行。将转向盘快速朝左、右两侧转至极限位置并保持不动，此时可产生最佳管内压力。目测检查转向控制阀、齿条密封件（松开波纹管软管夹箍，再将波纹管推至一旁）、转向泵、油管接头是否有漏油现象，如果有渗漏应更换密封件。如果发现贮油罐中缺少液压油，应检查转向系统的密封性是否完好。

当转向器主动齿轮不密封时，必须更换阀体中的密封环和中间盖板上的圆形绳环。如果转向器罩壳中的齿轮齿条密封件不密封，ATF 油液可能流入波纹管套里。此时应拆开转向机构，更换所有密封环。如果管接头漏油，应查找原因并重新接好。

模块七　制动系统的维护

一、制动系统的功用

汽车制动系统的功用是根据需要使汽车减速或在最短的距离内停车，以保证行车的安全，使驾驶员敢于发挥出汽车的高速行驶能力，并且能使汽车可靠地停放在坡道上。

二、制动系统的组成

液压式制动系统主要由制动主缸、制动轮缸、真空助力器、前制器、后制器等组成，如图 3—40 所示。

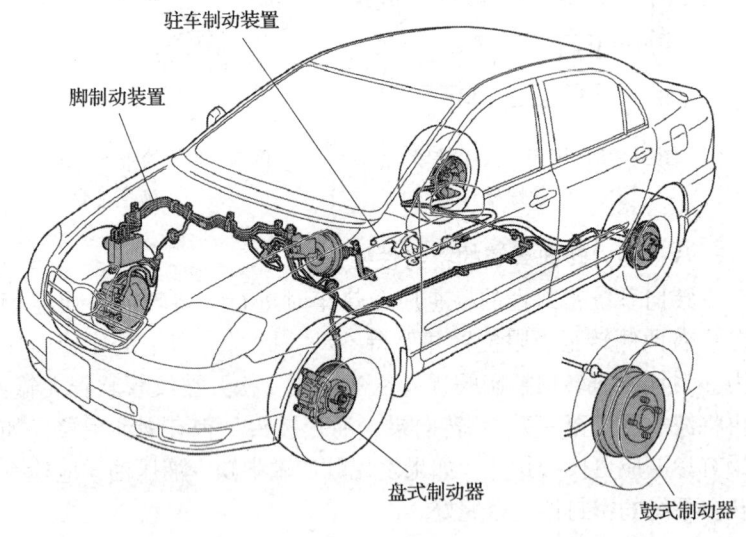

图 3—40　液压式制动系统的组成

气压式制动传动系统是利用压缩空气做力源的动力式制动装置。驾驶员只需按不同的制动强度要求控制制动踏板的行程,便可控制制动气压的大小来获得所需要的制动力。

如图3—41所示,气压式制动传动装置由两大部分组成:一是气源部分,它包括空气压缩机、调压机构(卸荷阀和调压阀)、储气筒、气压表和安全阀等部件;二是控制部分,它包括制动踏板、制动控制阀、控制管路、制动气室、制动灯开关等部件。

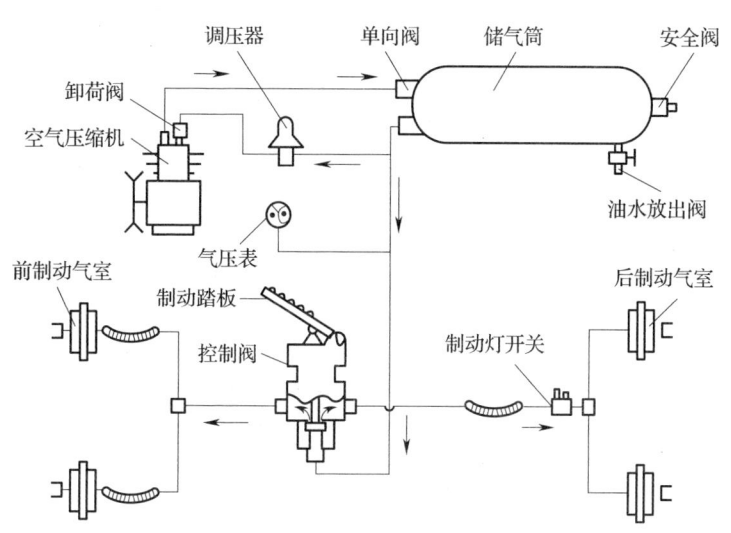

图3—41 气压式制动传动系统的组成

驻车制动器的功用是停驶后防止滑溜,坡道起步,行车制动失效后临时使用或配合行车制动器进行紧急制动,如图3—42所示。

三、制动踏板自由行程的调整

踏板自由行程是为保证不发生制动发咬、彻底解除制动而设置的。液压制动踏板的自由行程一般在30~40 mm,空气制动的踏板自由行程一般在10~20 mm。

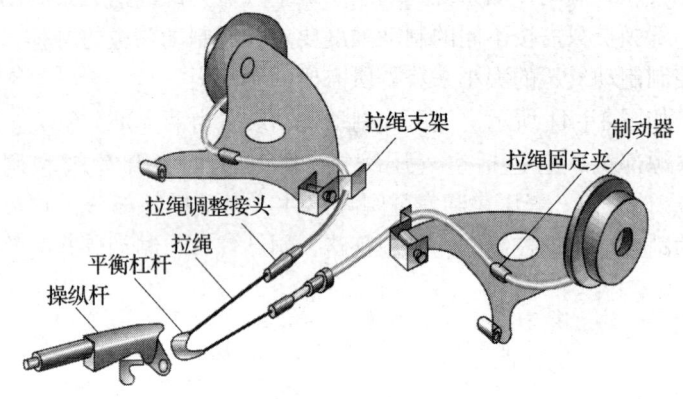

图 3—42 驻车制动器

当自由行程不合适时,可松开总泵推杆或制动阀推杆的锁紧螺母,拧动推杆,通过改变其长度进行调整。调整完毕后,再拧紧锁紧螺母,如图 3—43 所示。

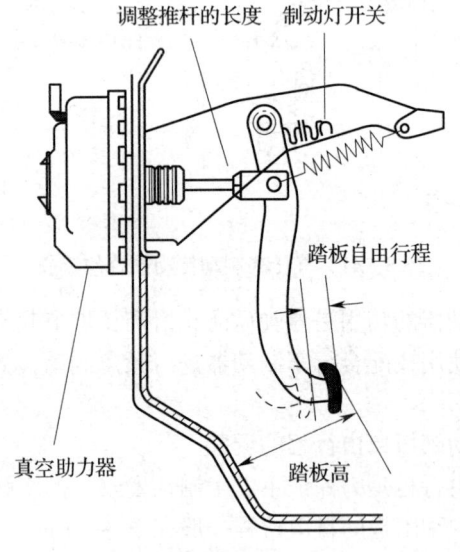

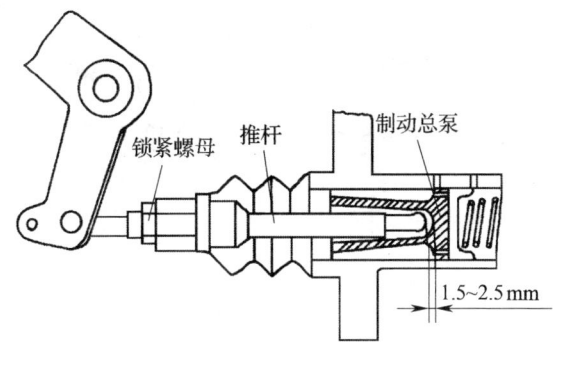

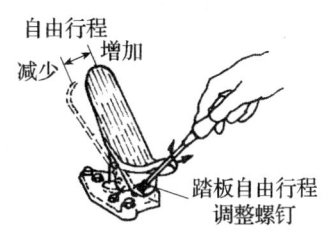

图 3—43 调整制动踏板自由行程

四、制动管路内空气的排除

如图 3—44 所示,制动管路内空气的排除方法如下:

(1)用一专用橡胶管的一端接在某一放气螺钉上,另一端插入盛有半瓶制动液的玻璃瓶中。

(2)慢踩快放制动踏板 2~3 次,每次间隔 3~5 s,直至制动踏板升至最高位置。此时制动系统内的剩余压力一般可达 0.15~2 个标准大气压。

(3)迅速把某分泵上的放气螺钉旋松 1/3~1/2 转,带有空气泡沫的制动液便排出。反复 1~2 次,直至该分泵内空气彻底排净。

五、制动液的添加

将总泵储油室按规定油面加足制动液,如图 3—45 所示。

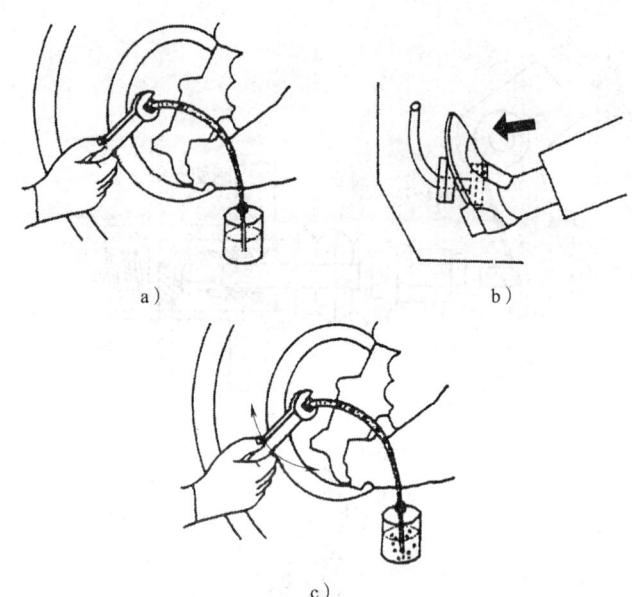

图 3—44 排除制动管路内的空气

a）接一专用胶管 b）慢踩快放制动踏板 c）旋松放气螺钉

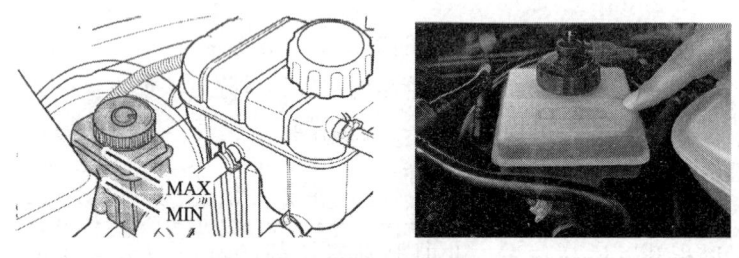

图 3—45 添加制动液

六、制动蹄片间隙的检查与调整

1. 检查制动蹄片间隙

当制动鼓处于冷态时，顶起车轮并确认轮毂无摇动，从检视孔中用塞尺测量制动鼓与制动蹄片之间的间隙，支点销端为 0.20～0.50 mm，另一端为 0.40～0.80 mm，如图 3—46 所示。

图 3—46 检查制动蹄片间隙

2. 调整制动蹄片间隙

拧动调整凸轮，使制动间隙变小。当制动鼓与蹄片间隙消除后车轮不能转动时，再退回 3~4 响，直到没有摩擦声为止，如图 3—47 所示。

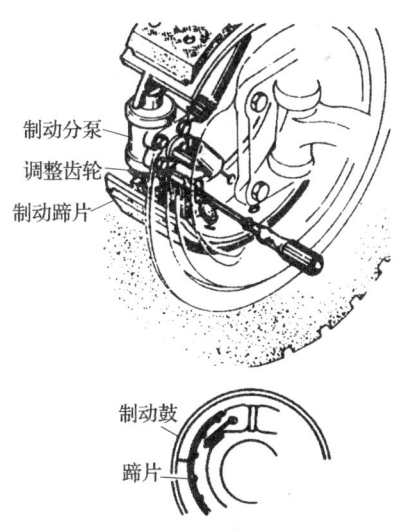

图 3—47 调整制动蹄片间隙

模块八　行驶系统的维护

一、行驶系统的功用

汽车行驶系统的功用是把来自于传动系的扭矩转化为地面对车辆的牵引力，承受外界对汽车的各种作用和力矩，减少振动、缓解冲击，保证汽车正常、平顺地行驶。

二、行驶系统的组成

行驶系统一般由车架、车桥、车轮和悬架组成，如图3—48所示。车架是全车的装配基体，它将汽车的各相关总成连接成一个整体。车轮分别支承着从动桥和驱动桥。为减少车辆在不平路面上行驶时车身所受到的冲击和振动，车桥又通过弹性前悬架和后悬架与车架连接。在某些没有整体车桥的行驶系统中，两侧车轮的心轴也可分别通过各自的弹性悬架与车桥连接，即所谓的独立悬架。

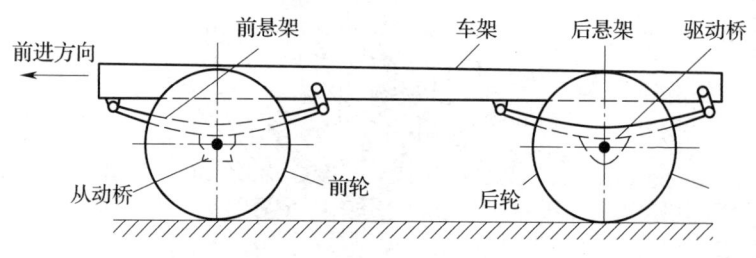

图3—48　行驶系统的组成

三、轮胎的维护

1．测量轮胎气压

拧开轮胎气嘴的防尘帽，用轮胎气压表测量轮胎气压，如图3—49所示，测得的轮胎气压值应符合轮胎的规定。当气压不足时，应进行补充；当气压过高时，放出部分气体。

图3—49 测量轮胎气压

2. 检查胎面磨损情况

检查轮胎侧面有无划伤,胎冠面有无裂纹,如图3—50所示。如果有异常情况,应进行修补或更换。当轮胎磨耗标记显露出来时,就应更换轮胎。经常清除轮胎表面杂物,如图3—51所示。

 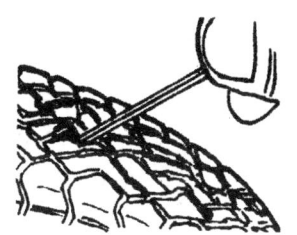

图3—50 检查胎面磨损情况　　图3—51 清除轮胎表面杂物

轮胎不正常磨损的表现形式及其原因见表3—3。

表3—3　　　　　　轮胎不正常磨损及其原因

轮胎磨损的表现形式		原因分析
正常磨损		—

续表

轮胎磨损的表现形式		原因分析
胎冠两肩磨损		(1) 气压不足 (2) 超载
胎冠中部磨损		(1) 轮胎气压过高 (2) 回转不足
胎冠两侧或内侧磨损		(1) 前轮外倾角不对 (2) 转向节臂弯曲变形 (3) 前轮未及时更换
胎冠锯齿状磨损		(1) 前束不对 (2) 转向节臂弯曲变形
胎冠呈波浪状或碟边状磨损		(1) 轮胎不平衡 (2) 轮毂轴承松旷

3．轮胎换位

（1）大型汽车轮胎换位方法。大型汽车轮胎换位方法如图3—52所示。

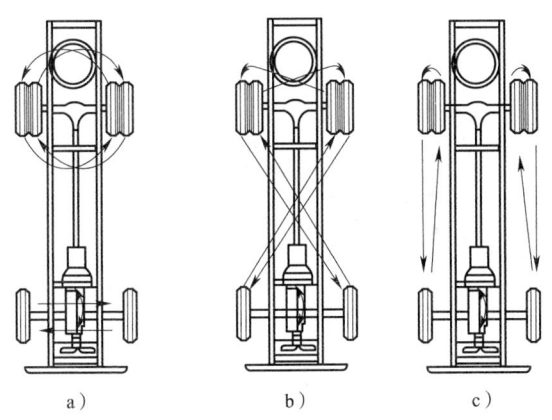

图3—52　大型汽车轮胎换位方法

a）斜交轮胎换位　b）斜交轮胎换位　c）子午线轮胎换位

（2）小型汽车轮胎换位方法。小型汽车轮胎换位方法如图3—53所示。

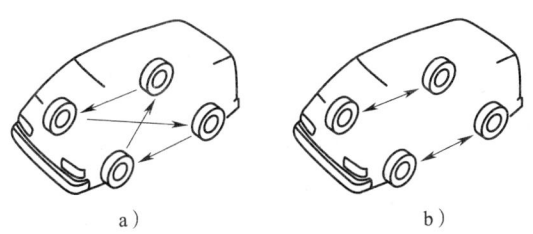

图3—53　小型汽车轮胎换位方法

a）斜交轮胎的换位　b）子午线轮胎的换位

4．轮胎的安装

如图3—54所示，装轮胎螺母时，在轮胎螺杆、螺母的螺纹部分涂以润滑脂，并以规定的扭紧力矩对称拧紧锁紧螺母，不可过紧，以防车轮、制动盘、制动鼓翘曲。拧紧螺母时将全部螺母拧紧至规定扭紧力的一半，然后将轮胎降至地面，以对角方式拧紧至规定扭紧力矩。中型车轮胎螺母的扭紧力矩为 196~294 N·m；重型车的 8 只固定螺栓的轮辋扭紧力矩为 401~441 N·m，10 只固定螺栓的轮辋扭紧力矩为 627~735 N·m。

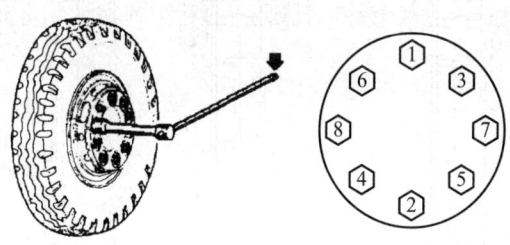

图 3—54　轮胎的安装

四、轮毂轴承的维护

1. 轮毂轴承的检查

检查轮毂轴承紧度时，首先将汽车受检轮毂一端车轮的车桥架起，用支车凳、掩车木等用具把车安全地处理好，如图 3—55 所示。

图 3—55　将汽车受检轮毂一端车轮的车桥架起

检查小型汽车轮毂轴承时，双手握住轮胎的上下侧，来回扳动，重复多次，如图 3—56 所示。正常时没有松旷和阻滞的感觉；若摇摆有明显松旷的感觉，应拆检轮毂。

图 3—56 检查小型车的轮毂轴承

对于大型车,可用撬棍撬动轮胎,观察轮毂轴承的松旷度,如图 3—57 所示。转动轮胎,轮毂轴承应转动自如,没有阻滞的现象。如果发现松旷或转动不自如,应分解检查调整。

图 3—57 检查大型车的轮毂轴承

2. 轮毂轴承预紧度的调整

如图 3—58 所示,轮毂轴承预紧度的调整方法如下:

第一步:支起前轮或后轮。

第二步:剔开锁片,旋下锁紧螺母,拆下止动垫圈和锁紧垫圈。

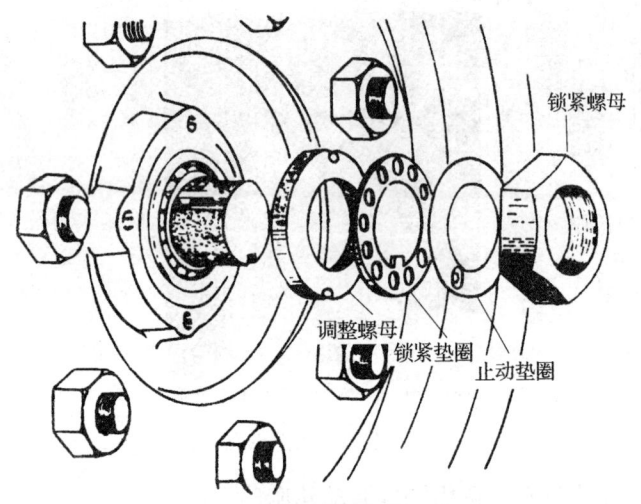

图 3—58　调整轮毂轴承预紧度

第三步：按规定力矩（一般前轮轮毂扭紧力矩为 147～196 N·m，后轮轮毂扭紧力矩为 196～245 N·m）拧紧轮毂轴承的调整螺母。

第四步：松开调整螺母，接着拧紧调整螺母，再将调整螺母松退 1/5～1/3 圈。

第五步：顺序装上锁紧垫圈，锁紧螺母止动垫圈，旋上并拧紧锁紧螺母。

第六步：检查轮毂，这时轮毂应能自由转动且无轴向间隙。

五、悬架的维护

1. 检查悬架系统的紧固情况

检查钢板弹簧 U 形螺栓是否松动，钢板弹簧不应折断或有裂纹，如图 3—59 所示。

2. 检查减振器的工作情况

发现减振器漏油时应更换或修理减振器，如图 3—60 所示。

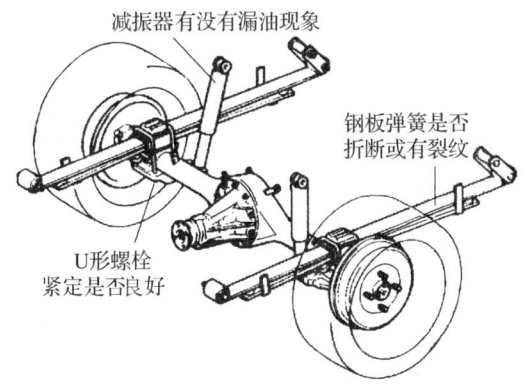

图 3—59　检查悬架系统的紧固情况

图 3—60　检查减振器的工作情况

六、车轮前束的检查

若前轮前束不合适，可松开横拉杆上的调整夹螺栓，转动或移动横拉杆，使前束合格后紧固螺栓，如图 3—61 所示。

将汽车放在平坦地面上，使前轮处于直线行驶状态；在两前轮胎后方的中心处用粉笔做好标记 p，用尺测量左、右标记的距离，记为 A，如图 3—62 所示。

直线前移汽车，使标记位于轮胎前方，如图 3—63 所示。

测量两者的距离，记为 B，两者的差值 $(A-B)$ 即为前束值，通常为 2～5 mm，如图 3—64 所示。

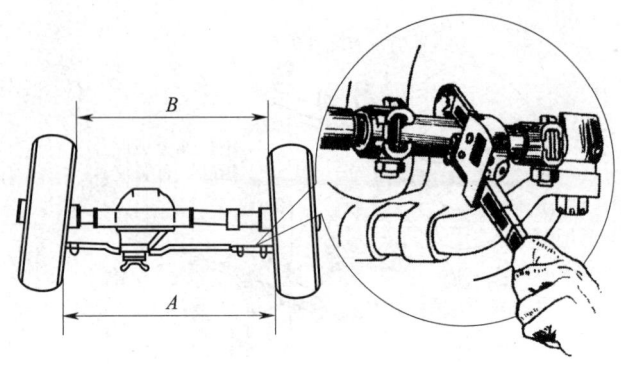

图 3—61　松开横拉杆上的调整夹螺栓

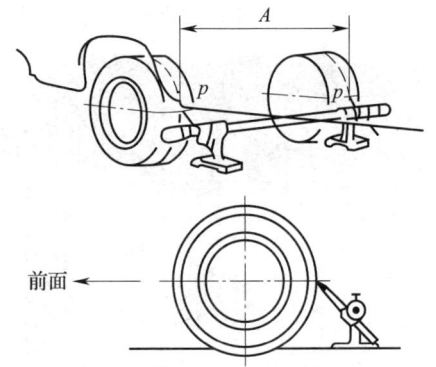

图 3—62　测量两前轮胎后方的中心处的距离 A

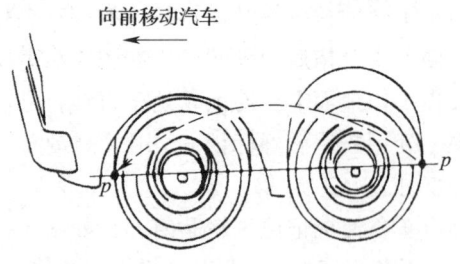

图 3—63　直线前移汽车使标记位于轮胎前方

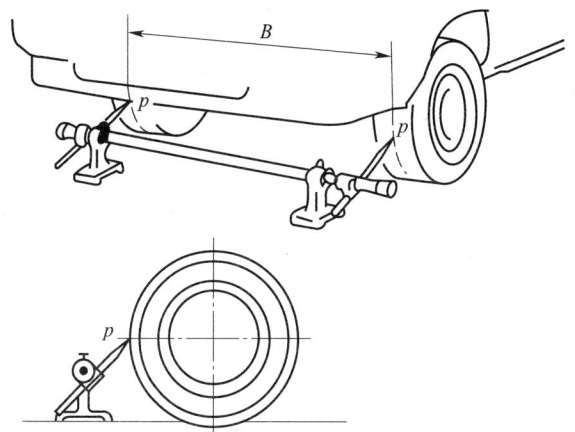

图3—64 测量两前轮胎前方的中心处的距离 B

第四单元　汽车电气设备的维护

汽车电气设备维护的常规项目主要有供电系统的维护、灯光系统的维护、空调系统的维护等。

模块一　供电系统的维护

一、供电系统的功用与组成

汽车的供电系统由蓄电池、发电机及其调节器组成，如图4—1所示。在发动机正常工作的情况下，发电机向点火系统及其他用电设备供电，并同时向蓄电池充电。当汽车上的用电设备耗电量过大，所需功率超过发电机的额定功率时，蓄电池和发电机同时向全部用电设备供电。当发动机低速运行时，发电机不发电或发出的电压很低，此时汽车用电设备所需的电能完全由蓄电池供给。在发动机起动时，起动机、点火系统、仪表等主要用电设备所需电能也由蓄电池供给。供电系统各部件在汽车上的分布位置如图4—2所示。

二、蓄电池的维护

1. 清洁蓄电池外部

用布块擦净蓄电池外部灰尘，清除极柱桩头上的脏物和氧化物，擦净连接线外部及夹头，清除安装架上的油污，如图4—3所示。疏通加液口盖通气孔，并将其清洗干净。

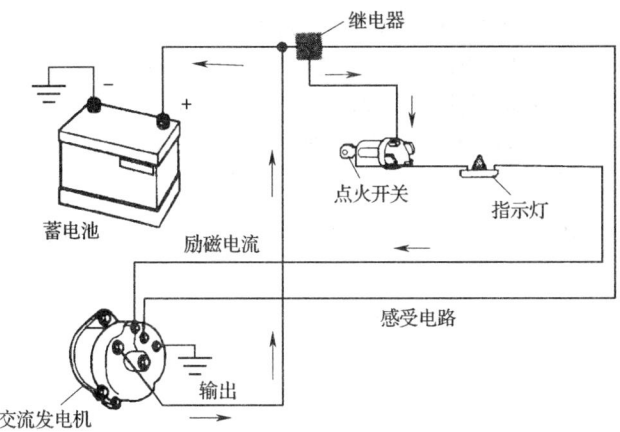

图4—1 汽车供电系统的组成

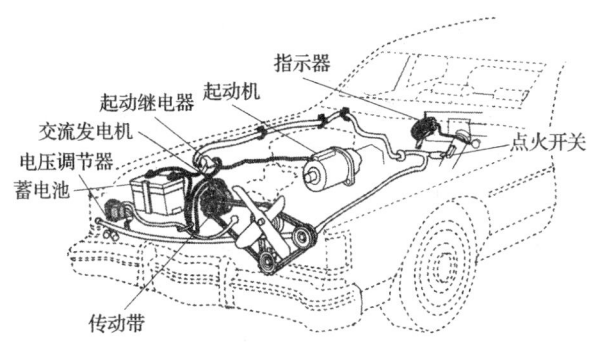

图4—2 供电系统各零件在汽车上的分布

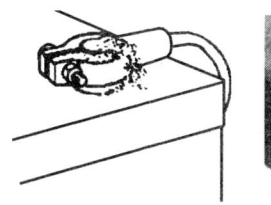

图4—3 清洁蓄电池外部

2. 蓄电池电解液面高度的检查

一般汽车行驶 5 000 km 和冬季行驶 10～15 天、夏季行驶 6 天时，应检查蓄电池液面高度。电解液液面高度应高出 10～15 mm。电解液不足应及时添加蒸馏水，如果是因为电解液溅出导致液面降低的，还应该补加相应密度的电解液，并重新充电调整。具体检查方法如下：

（1）用玻璃管测量法。其蓄电池电解液面高度的检查方法如图 4—4 所示。

第一步：用一空心玻璃管插入蓄电池电解液内极板的上平面处。

第二步：玻璃管内的电解液与蓄电池液面同高，用大拇指按玻璃管上端，使管口密封。

第三步：提起玻璃管，测量玻璃管内的液面高度，即为蓄电池电解液液面高度。

（2）观察液面高度指示线法。使用透明塑料容器的蓄电池在容器上刻有两条高度指示线，如图 4—5 所示。电解液的液位高度必须在该指示线范围内，若液面过低，应及时补充蒸馏水。

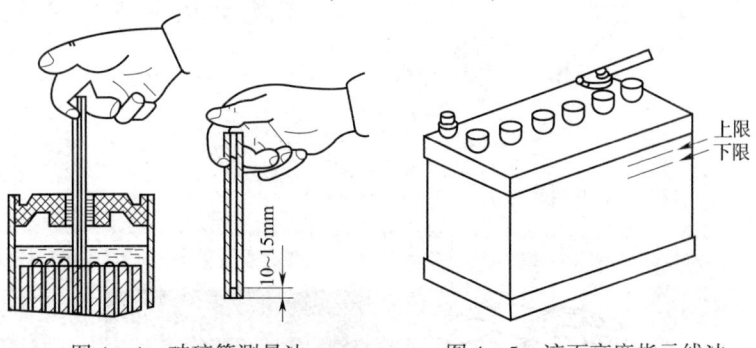

图 4—4　玻璃管测量法　　　图 4—5　液面高度指示线法

（3）从加液孔观察判断法。使用黑壳体容器的蓄电池，检查时应取下通气孔塞，检查所有单格电池的电解液应保持高于隔板 10～15 mm，如图 4—6 所示。若液位不低于图示中的开口环，则液位正常。

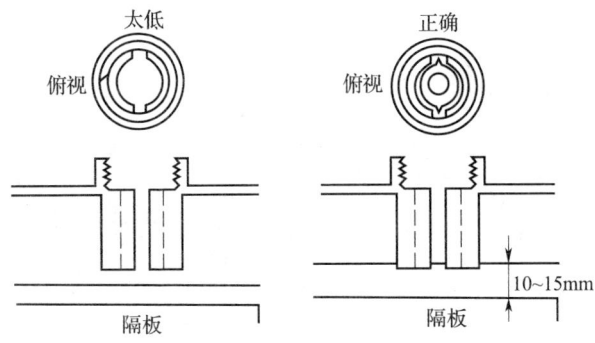

图4—6 加液孔观察判断法

3．电解液的添加

蓄电池电解液液面应高出极板 10~15 mm。若因蒸发使液面高度不够，应添加蒸馏水；若因泄漏使液面高度不够，应添加相同比重的电解液。

电解液的添加方法如图 4—7 所示。

4．电解液比重的测量

电解液比重的测量方法有吸管法、高率放电计法和内装密度计法三种。

（1）吸管法测量电解液比重。对于非密封式蓄电池，可用吸管式密度计测量电解液密度，测量方法是将密度计的橡皮管插入蓄电池中，然后收放橡皮球，使电解液吸入玻璃管并浮起密度计，与液面对齐的刻度即为电解液的密度，如图 4—8 所示。一般充足电的蓄电池在电解液温度为 20℃ 时的比重为 1.24~1.27。若小于 1.18，则应进行补充充电。

（2）高率放电计法测量电解液比重。对于联条外接式蓄电池，由于其单格电池的极桩外露，故还可以使用高率放电计进行检验。如图 4—9 所示，高率放电计主要由一块 12 V 的电压表和一个定值电阻构成，它可以较准确地判断蓄电池的起动性能并确定放电程度。

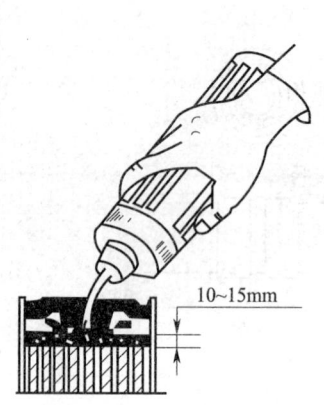
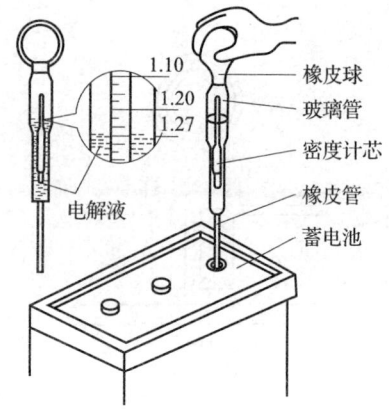

图4—7 电解液的添加　　图4—8 测量电解液的比重（吸管法）

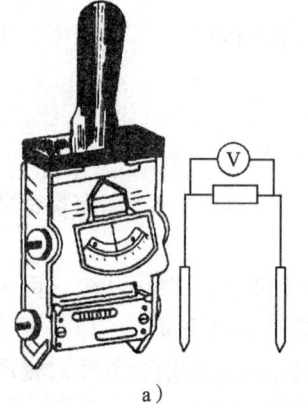
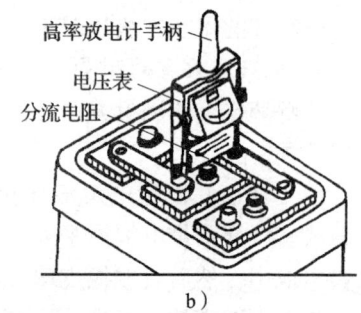

图4—9 测量电解液的比重（高率放电计法）
a）高率放电计　b）测量电解液比重

高率放电计法测量电解液比重的方法如下：

第一步：检查调整零位。若指针不在零位，可调整放电计盖上的零位调整器，使指针指示零位。

第二步：将放电计的电压表表面与放电叉成垂直位置，以便视读。

第三步：将两放电叉叉尖紧压在单格电池的正、负极柱上，保持 5 s，迅速读数并随即移开放电计。电压表的读数即为大负荷放电情况下蓄电池所能保持的端电压。其放电程度见表 4—1。

表 4—1　　　12 V 蓄电池放电程度的判断

容量	≤60 A·h	>60 A·h
测试时间	20 s	20 s
测量电压	<9 V，故障 9~11 V，较好 >11 V，良好	<9.5 V，故障 9.5 V~11.5 V，较好 >11.5 V，良好

（3）内装密度计法。密封式的免维护蓄电池设有内装式密度计，如图 4—10 所示，其内部有一颗能反光的绿色小球，随其浮生的高度变化，从玻璃孔中可以看到表示不同状态的颜色。

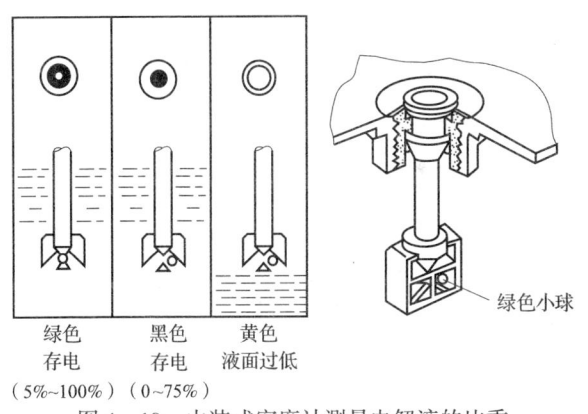

绿色　　　黑色　　　黄色
存电　　　存电　　　液面过低
（5%~100%）（0~75%）

图 4—10　内装式密度计测量电解液的比重

检测时若看到绿色，说明蓄电池的电量已经很足；若看到的是黑色，说明需要给蓄电池充电；如看到的是淡黄色，说明电解液液面低于密度计，此时必须更换蓄电池。还有一些内置式密度计用红色标记表示警告标记，一旦出现红色标记，说明蓄电池已经彻底放电，使用前必须充电。

免维护的蓄电池可从蓄电池观察孔中观看蓄电池液体比重计的颜色,从而来判断蓄电池的工作状态,见表4—2。

表4—2　　　　　蓄电池比重计的颜色与状态

颜色	绿点	黑色/深色	透明
外观	●	●	○
状态	正常	已放电	检查充电系统

三、发电机的维护

1. 发电机皮带张紧度的检查

一般发电机皮带过松会打滑,使发电机转速过低,发电量变小。一般发电机和风扇都是由一根皮带传动的。

用手按压发电机皮带中点,皮带应被压下15~20 mm为宜,如图4—11所示。

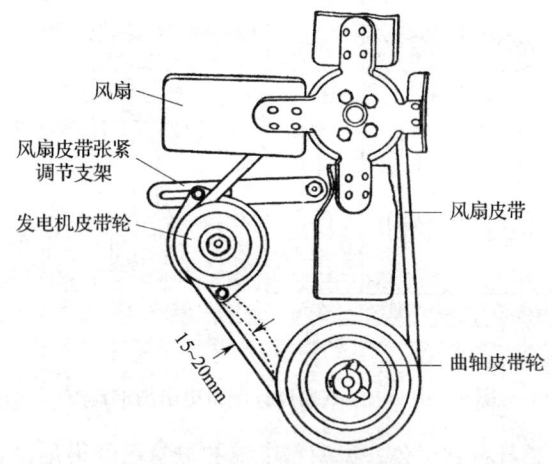

图4—11　检查发电机皮带张紧度

2. 发电机皮带张紧度的调整

拧紧发电机支架上的固定螺栓,向里或向外扳动发电机即可调整皮带的张紧度,如图4—12所示。

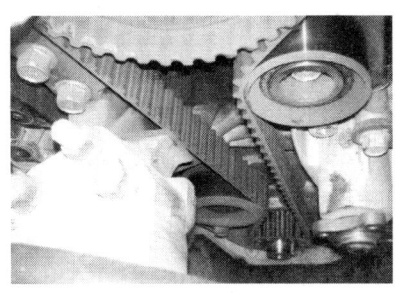

图4—12　调整发电机皮带张紧度

3．发电机各端面各接线柱之间的电阻检测

发电机各端面各接线柱之间是否短路、断路，可通过测试各端面各接线柱之间的电阻值进行判别，如图4—13所示。WSF系列无刷交流发电机各接线柱之间电阻值的正常值见表4—3。

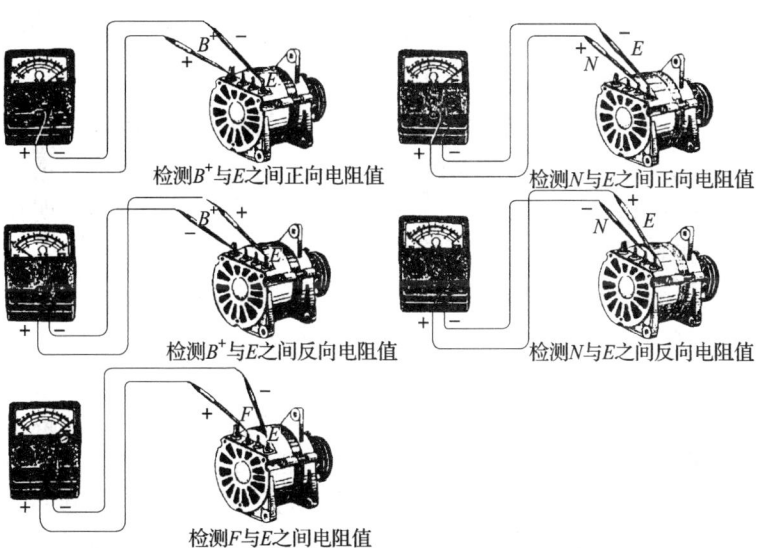

图4—13　检测无刷硅整流发电机各端面各接线柱之间电阻值

B^+—电枢极　F—磁场极　N—中性点　E—搭铁极

表4—3　WSF系列无刷交流发电机各接线柱之间的电阻值

型号	F与E间的电阻值/Ω	B^+与E间的正反向的电阻值		N与E间的正反向的电阻值	
		正向/Ω	反向/$k\Omega$	正向/$k\Omega$	反向/$k\Omega$
W14×14 V36 A	3.5~3.8	390~400	>500	1.2~1.4	>500
W28×28 V18 A	15~16	390~400	>500	1.2~1.4	>500

4. 发电机的工作性能检测

发电机的工作性能检测应在发电机专用试验台上进行。

被试验的发电机与调速电机传动部分相耦合，图4—14所示为有刷硅整流发电机性能检测电路工作原理。固定发电机接通开关2，驱动调速电机，逐渐提高发电机转速。待指示灯泡亮时，关闭开关2，由发电机自励。再提高发电机转速至额定值时，记下输出电压，此时为空载转速。然后接通开关1，提高发电机的额定满载转速，同时减小负载电阻器电阻值，使电压表及电流表指示为发电机满载时额定的电流与电压值。通过以上空载和满载两项试验，被测发电机若符合规定，则表明该发电机合格。

带有中性点（N）的发电机试验时，当发电机转速达到额定转速时，电压表A指示应为发电机额定输出电压值的1/2。

检测发电机的工作性能时应注意以下要点：

（1）国产硅整流发电机都是以外壳为负极搭铁的，所以蓄电池的搭铁极性必须是负极。更换蓄电池时，如果蓄电池正、负极标记不清楚，可拆下发电机电枢极引线（B^+），在其引线与电枢极接线柱之间串接一只试灯，然后再接上蓄电池的两根电缆线。当试灯不亮时，表明接线正确；反之则表明蓄电池正、负极电缆线接反。

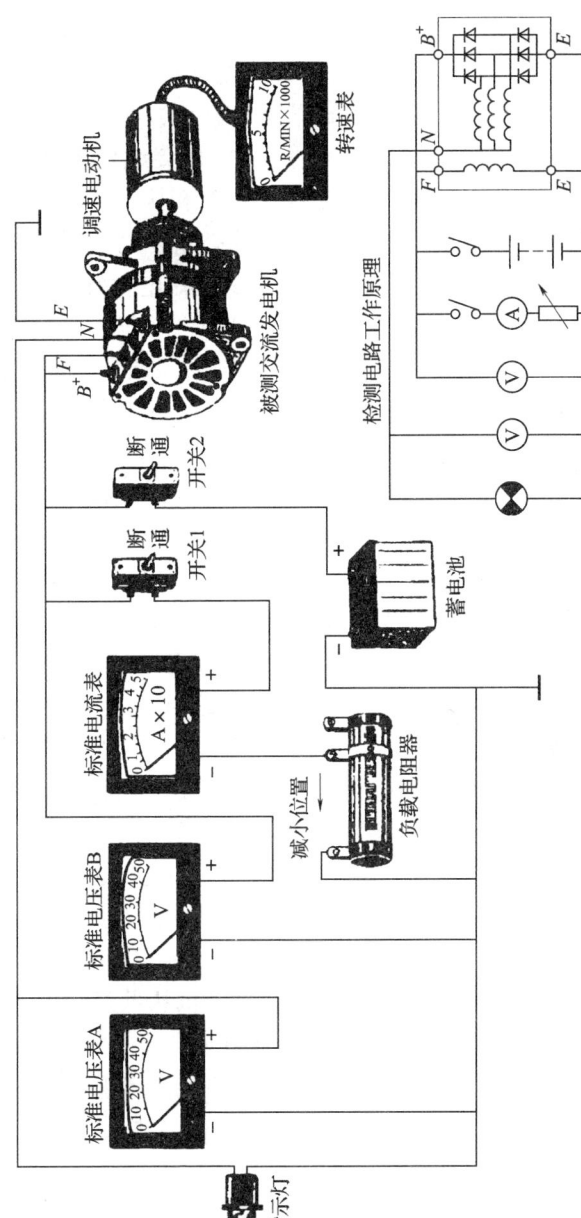

图4—14 有刷硅整流发电机性能检测电路工作原理

(2) 硅整流发电机接线必须正确。国产发电机的接线柱旁均标有标记或名称，"B^+"为电枢极，应与电流表或蓄电池的正极相接；"F"为磁场极，应与调节器的磁场接线柱相接；"N"为中性点，应与充电指示继电器的"N"极接线柱相接；"E"为搭铁极，应与调节器搭铁极接线柱"E"相接。

(3) 硅整流发电机接线柱引线安装必须牢固可靠，以防瞬间产生过电压，烧坏二极管、调节器及其他用电设备。

(4) 发动机熄火后应及时关闭起动开关，以防蓄电池对发电机磁场线圈做长时间放电，造成磁场线圈烧坏或调节器的损坏。

(5) 发电机工作时不允许用发电机的电枢极搭铁试火的方法来检查是否发电，以免烧坏发电机和电线束。

(6) 发电机的传动皮带松紧度应合适。过松易使皮带打滑，造成发电不足；过紧容易损坏皮带或轴承。调整时可用手在皮带正中处按下，如果能下降 5~20 mm，则为松紧适度。

(7) 不允许用 220 V 交流电源或兆欧表来检查发电机的绝缘性能，否则会因过高的电压将二极管击穿损坏。

(8) 要正确判断发电机充电系统工作是否正常。装有电流表指示充、放电的车型，在汽车行驶中充电电流值是从大到小，最后接近于零，这属于正常现象。因为汽车在起动时，蓄电池给起动机提供了起动的电能，使蓄电池端电压下降；当发动机运转后，发电机就立即向蓄电池充电，直至蓄电池的端电压达到调节器的标称调节电压值时，电流表指示充电电流最小，表明蓄电池已充足电。

(9) 装有充电指示灯的车型可在发动机从低速到中速的过程中，通过分别按喇叭开关或打开前照灯远光开关来判断发电机充电是否正常。如果喇叭有尖叫声或灯光的亮度很白，则说明发电机输出电压过高。也可用电压表并联在蓄电池正、负极两端，观察发电机的输出电压值。

(10) 汽车在行驶中，若发现电流表始终指示充电电流较大或经常烧坏用电设备的熔丝、灯泡等，则表明发电机的输出电压过高，一般由调节器失控或引线接错造成。如果在行驶过程中，电流表总是指在"0"位置上或充电指示过小，或夜间行车时照明灯亮度越来越暗，则表明发电机充电电流过小，原因是调节器故障或发电机本身故障。

四、发电机电压调节器的维护

1. 发电机电压调节器间隙的检查

如图4—15所示，铁芯工作间隙δ_1一般为1.2~1.3 mm，当工作间隙过大或过小时，可通过松开支架螺钉，上下移动固定触点的支架来调整；触点的工作间隙δ_2一般为0.3~0.4 mm，不符合要求时可通过弯曲上活动触点臂进行调整。

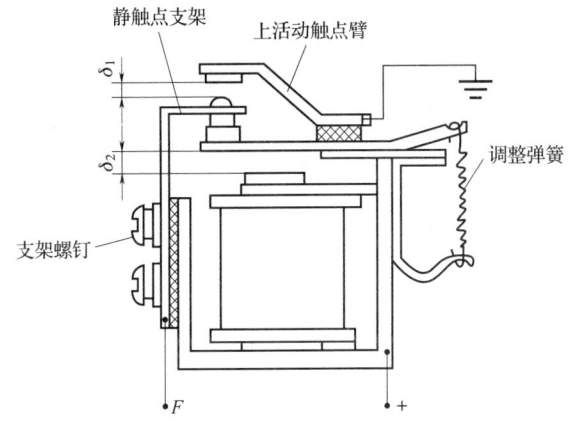

图4—15 检查发电机电压调节器间隙

2. 电压调节器的工作状态的检查

当可调直流电源电压升至6 V时（28 V调节器应为12 V），灯泡开始点亮，当电压继续升高时，灯泡突然熄灭，这时电压表所示值为调节器的调节电压值。14 V调节器电压值为13.5~14.5 V；28 V调节器电压值为27~29 V。图4—16所示为晶体管电压调节器工作状态的检查。

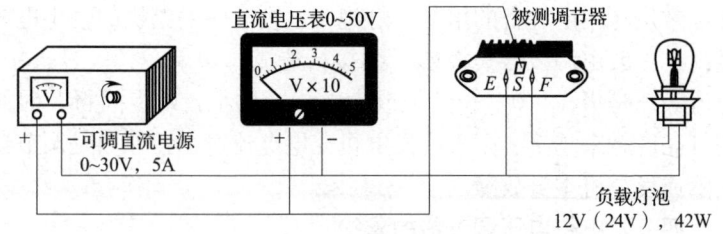

图4—16 晶体管电压调节器工作状态的检查

3. 电压调节器各端面之间的电阻值检测

用万用表检测 S 与 F 间的电阻值，如图4—17 所示；用万用表检测 S 与 E 间电阻值，如图4—18 所示；用万用电表检测 F 与 E 间的电阻值，如图4—19 所示。JFT 系列晶体管调节器各极间电阻值的正常值见表4—4。

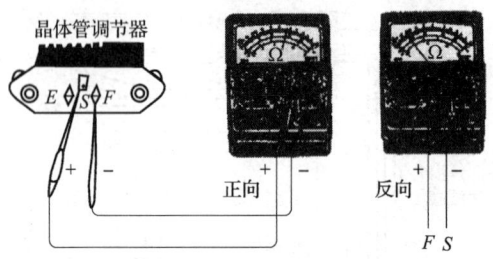

图4—17 检测 S 与 F 间电阻值

S—点火　F—磁场　E—搭铁

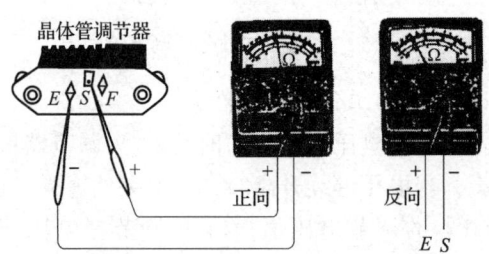

图4—18 检测 S 与 E 间电阻值

S—点火　F—磁场　E—搭铁

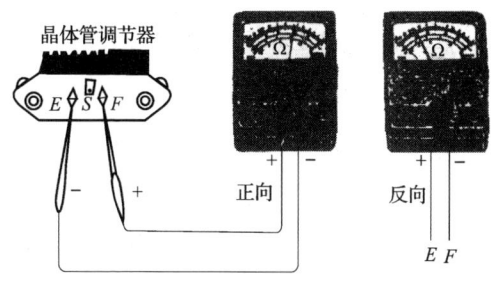

图 4—19 检测 F 与 E 间的电阻值

S—点火　F—磁场　E—搭铁

表 4—4　JFT 系列晶体管调节器各极间电阻值的正常值

调节器	S 与 F 间电阻		S 与 E 间电阻		F 与 E 间电阻	
型号	正向/Ω	反向/kΩ	正向/kΩ	反向/kΩ	正向/Ω	反向/kΩ
JFT141 JFT142B	500~750	5~7.5	1.2~1.6	3.5~4	550~600	3.9~4
JFT241 JFT242B	650~700	5~5.5	1.6~1.8	3~3.3	550~600	4.3~5

4. 电压调节器工作性能检测

接通开关1，驱动调速电机。待发电机发电后，关闭开关1，使发电机自励发电。提高发电机的转速至 3 000 r/min，接通开关2，调节负载可变电阻器，使发电机处于半负载状态，此时电压表指示的电压为被测调压器的调节电压值，如图 4—20 所示。合格的调节器调节电压值应符合规定值（见表 4—5）的要求。

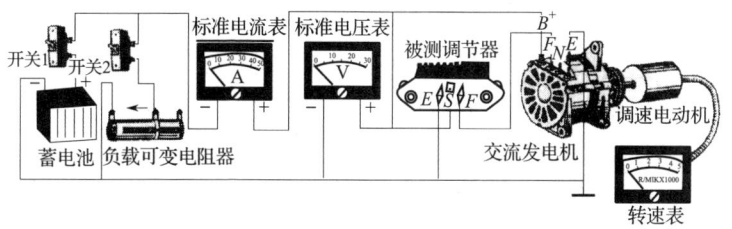

图 4—20　检测晶体管电压调节器工作性能

表4—5　几种型号晶体管电压调节器电气参数的正常值

型号	额定电压（V）	搭铁极性	电气参数			配用发电机规格（V/W）
			发电机转速（r/min）	负载电流（A）	调节电压（V）	
JFT141	14	负	2 500	50	13.8～14.2	14/350，14/500
JFT142B	14	负	2 500	50	13.8～14.2	14/350，14/500
JFT241	28	负	3 500	50	27.5～28.5	28/350，500
JFT242B	28	负	3 500	50	27～28	28/350，28/500
JFT206	28	负	3 500	50	13.2～14.6	28/≤1 000
JFT106	14	负	3 500	50	27.2～29.2	14/≤1 000

模块二　灯光系统的维护

一、灯光系统的组成

汽车在夜间或雾中行驶时需要用灯光来照亮道路的前方，同时要有发光的标志和信号，便于联络和保障行车安全。因此，汽车上必须有照明装置、照明设备。汽车的灯光系统包含以下几部分：

（1）照明道路的前照灯。
（2）照明内部的顶灯、仪表灯。
（3）用作标志信号的小灯、后灯、制动灯、转向指示灯。
（4）用来防雾的防雾灯。
（5）灯光控制开关和保险装置。

二、前照灯发光强度的检测

1. 前照灯发光强度的规定

国家标准《机动车运行安全技术条件》（GB 7258—2012）中

规定机动车每只前照灯的远光光束发光强度应达到表4—6的要求。测试时其电源系统应处于充足电状态。

表4—6 前照灯远光灯灯束发光强度检测标准（cd）

机动车类型	检查项目			
	新注册车		在用车	
	两灯制	四灯制	两灯制	四灯制
最高设计时速小于70 km/h的汽车	10 000	8 000	8 000	6 000
其他汽车	18 000	15 000	15 000	12 000

注：四灯制是指前照灯具有四个远光灯束；采用四灯制的机动车其中两只对称的灯达到两灯制的要求时视为合格。

2. 前照灯发光强度的检测步骤

前照灯发光强度的检测采用前照灯检测仪进行检测，该检测仪是用受光器的聚光透镜把前照灯的散射光束聚合起来，根据其对光电池的照射强度来检测前照灯的发光强度和光轴偏斜量，其构造如图4—21所示。检测时将检测仪放在距前照灯前方1 m处。

采用前照灯检测仪检测汽车前照灯发光强度的步骤如下：

第一步：将被检汽车驶进规定距离，且与检测仪导轨垂直。

第二步：用汽车找准器使检测仪与汽车对正。

第三步：打开前照灯，用前照灯找准器使检测仪与前照灯对比。

第四步：将光度、光轴转换开关扳向光轴侧。

第五步：转动光轴刻度盘，使光轴偏斜指示计指零，此时光轴刻度盘上的指示值即为光轴偏斜量。

第六步：光轴刻度盘不动，将光度、光轴转换开关拨向光度侧，此时光度计的指示值即为前照灯的发光强度值。

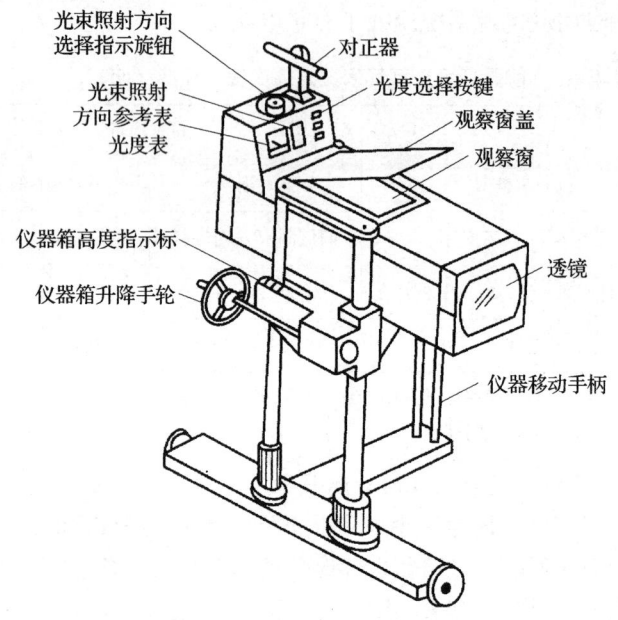

图4—21 前照灯检测仪

三、前照灯光束照射位置的检查与调整

1. 前照灯光束照射位置的要求

（1）在检验前照灯近光光束照射位置时，将前照灯照射在距离10 m的屏幕上，乘用车前照灯近光光束明暗截止线转角或中点的高度应为 $0.7 \sim 0.9H$（H 为前照灯基准中心高度，下同），其他机动车（拖拉机除外）应为 $0.6 \sim 0.8H$。机动车（装有一只前照灯的机动车除外）前照灯近光光束水平方向位置向左偏不允许超过170 mm，向右偏不允许超过350 mm。

（2）在检验前照灯远光光束及远光单光束照射位置时，将前照灯照射在距离10 m的屏幕上，光束中心离地高度：乘用车为 $0.85 \sim 0.95H$，其他机动车为 $0.8 \sim 0.95H$。机动车（装有一只前照灯的机动车除外）前照灯远光光束水平方向位置左灯向左偏不允许超过170 mm，向右偏不允许超过350 mm，右灯向左或向右偏均不允许超过350 mm。

2. 前照灯光束照射位置的检查

可采用幕墙来检查前照灯光束照射位置，如图4—22所示。其检查方法是：将轮胎气压正常的、空载的汽车停放在平坦的场地上，在驾驶室内乘坐一名驾驶员或将55 kg的重物放在驾驶员位置上，使车前部对幕墙保持10 m远的距离。接通前照灯开关，观察前照灯光束在幕墙上的照射位置，该位置应符合规定值。

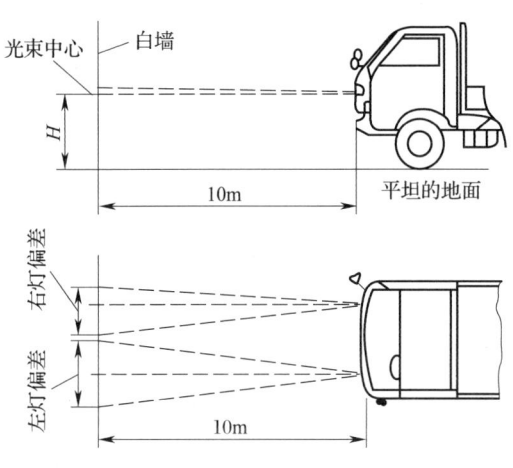

图4—22 前照灯光束照射位置的检查

3. 前照灯光束照射位置的调整

调整时以一只灯为单位调整，首先遮蔽其他前照灯，然后拧动上下左右光束调整螺钉，使主光束（光度最高点）处于规定高度。前照灯上下左右调整时必须拧入调整，当需要拧松调节时，应完全拧松，然后拧入调整。前照灯光束照射位置的调整方法如图4—23所示。

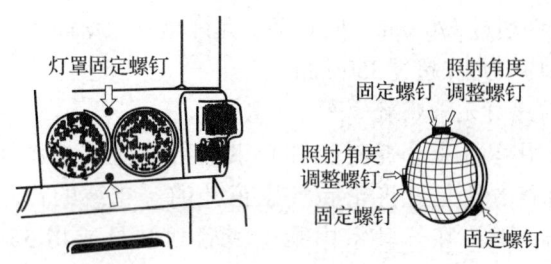

图4—23 前照灯光束照射位置的调整

模块三 空调系统的维护

一、空调系统的功用

轿车、客车和货车驾驶室一般装有空调系统,其作用是在车外环境温度较高时降低车内温度,使乘客感到凉爽;在车外温度较低时提高车内温度,使乘车感到温暖;进行车室内外空气交换,使空气保持新鲜。空调系统工作时必须使汽车的门窗紧闭,以保证室内良好的密封。

二、空调系统的组成

汽车空调系统主要由制冷系统、暖风系统、通风系统、空气净化系统和控制系统等五部分组成,各部件在汽车上的分布位置如图4—24所示。

1. 制冷系统

制冷系统主要对车室内空气或由外部进入车室内的新鲜空气进行冷却或除湿,使车室内空气变得凉爽和舒适。制冷系统的工作原理如图4—25所示。

2. 暖风系统

暖风系统主要用于取暖,对车室内空气或由外部进入车室内的新鲜空气进行加热,达到取暖、除湿的目的。暖风系统的热源来自高温的冷却液,暖风系统高温冷却液的流动路线如图4—26所示。

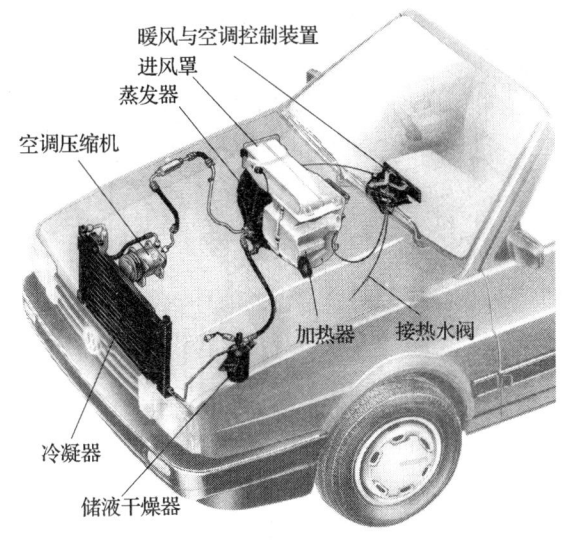

图4—24 汽车空调系统各部件在汽车上的分布位置

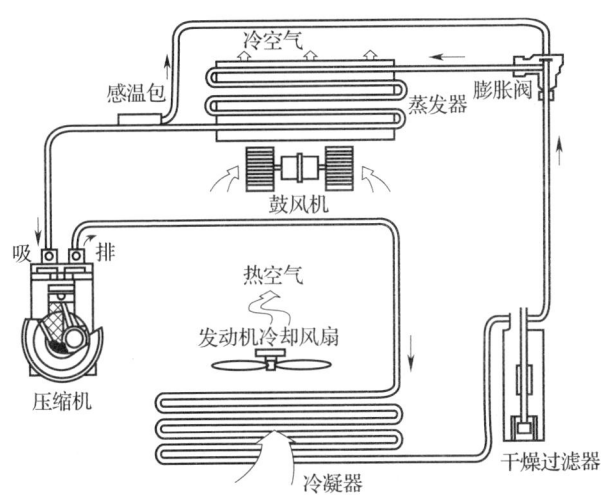

图4—25 制冷系统的工作原理

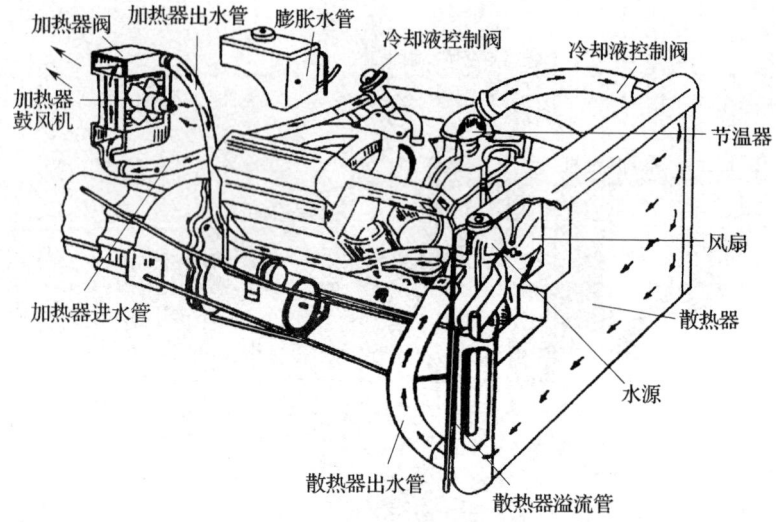

图 4—26　暖风系统高温冷却液的流动路线

3．通风系统

通风系统将外部新鲜空气吸入车室内，起通风和换气作用。同时，通风对防止风窗玻璃起雾也起着良好作用。通风系统的新鲜空气流动路线如图 4—27 所示。

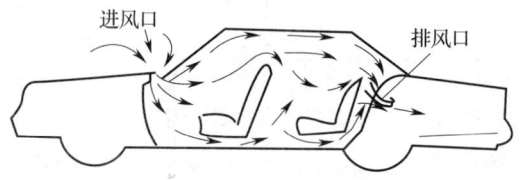

图 4—27　通风系统的新鲜空气流动路线

4．空气净化系统

空气净化系统用于除去车室内空气中的尘埃、臭味、烟气及有毒气体，使车室内空气变得清洁。空气净化系统的工作原理如图 4—28 所示。

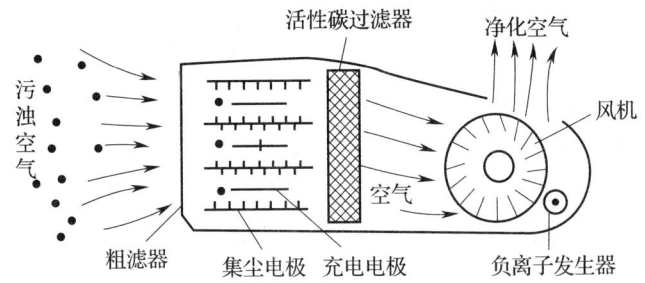

图4—28 空气净化系统的工作原理

5．控制系统

控制系统对制冷和暖风系统的温度、压力进行控制，同时对车室内空气的温度、风量、流向进行控制。控制系统可分为自动控制和晶体管控制，晶体管控制原理如图4—29所示。

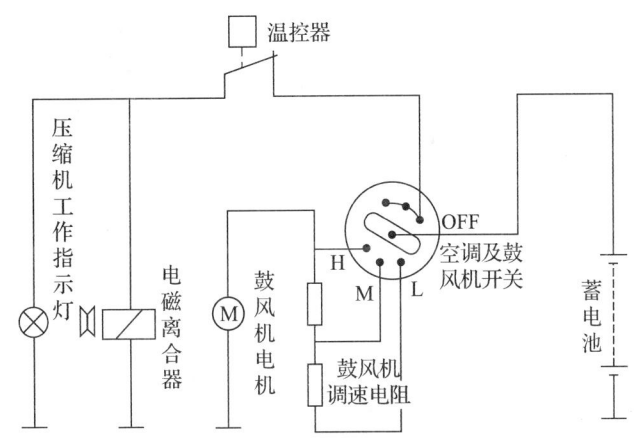

图4—29 控制系统晶体管控制原理

三、制冷剂量检查

起动发动机，打开所有车门至最大开度，将空调模式选择至最大制冷效果，风扇转速挡位旋至最高转速（位置"4"），再打开"A/C"开关,并将发动机再加速至1 500 r/min,检查出风口有冷风吹出,表明空调制冷效果良好;观察制冷剂观察窗,如图4—30所示,"A"先有少量气泡,后来消失,则制冷剂量正常;"B"始终有大量气泡,则制冷剂量不足,需进行空调系统检漏或添加制冷剂。

四、清洁空调滤清器

空调滤清器位于副驾驶席前手套箱内侧,如图4—31所示,检查滤清器是否脏污,如果脏污,可用压缩空气清洁,不过要注意吹的方向,气枪应从滤清器下方向上吹,如图4—32所示,滤清器受潮发霉或脏污严重的需要更换。

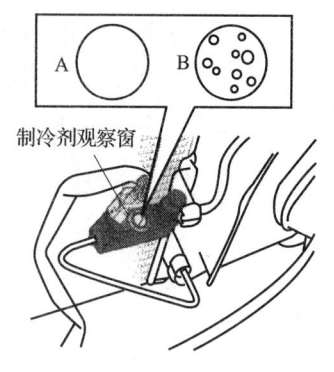

图4—30 检查制冷剂量

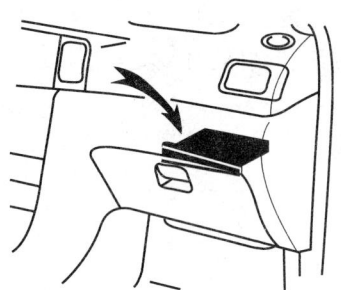

图4—31 空调滤清器的位置

图4—32 清洁空调滤清器

五、放卸制冷剂

如图4—33所示,放卸制冷剂的操作过程如下:

第一步:先关闭表阀的高/低压手动阀,接好管道,注意高压管和低压管的连接方法。

第二步:如果压缩机上有检修手柄阀,则应先将手柄阀置于中间位置。

第三步:慢慢打开低压手动阀,在缓慢放卸制冷液时,将有少量随制冷剂流出的冷冻润滑油,应用集油器将其收集。

第四步:当低压表的压力降到345 kPa时,再慢慢打开高压表阀,注意开度不要太大。如果此时冷冻润滑油流出较多,说明放卸速度太快,应关小高、低压手动阀。

第五步:当压力表下降到0时,放卸结束,此时应关紧表阀上的阀门。

第六步:测量一下收集到的冷冻润滑油。如果此时油量超过14.2 kg,则应加入等同量的新的冷冻润滑油;如果少于14.2 kg,则不要加新油。切记不同牌号的油不能混用,以免润滑油变质。

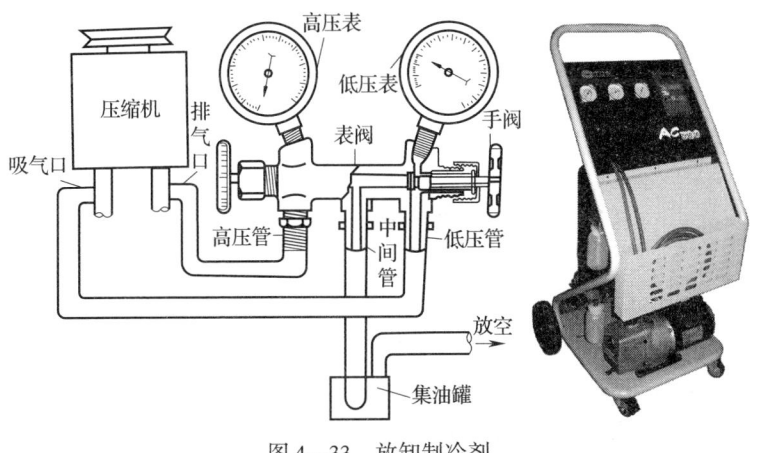

图4—33 放卸制冷剂

六、系统的检漏

1. 加压试漏

如图4—34所示,正确地把软管连接在压缩机的高、低压检修阀后,打开高、低压组合表截止阀,向系统中充入干燥氮气(N_2)。如果没有氮气,也可用干燥的压缩空气代替,压力一般应为1.5 MPa左右。停止充气,24 h后压力应无明显下降。用肥皂水涂在系统各处进行检漏,特别应重点检查压缩机、冷凝器、储液干燥器、膨胀阀和蒸发器进出口处的接头。

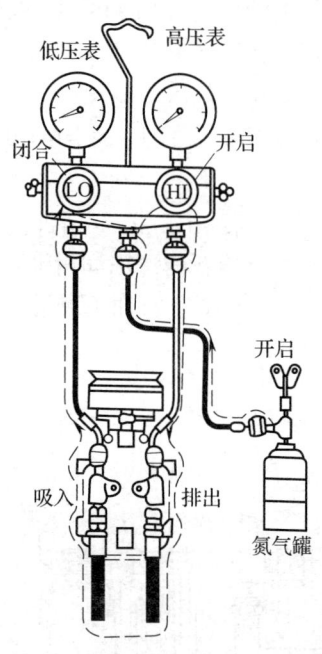

图4—34 对空调系统进行加压试漏

2. 充氟试漏

向系统充入氟利昂,使系统压力高达0.35 MPa,然后用卤素灯检漏仪检漏,重点检查如下部位:刚拆装和维修过的制冷部件的连接部位,压缩机上的油封、密封垫和维修阀,冷凝器和蒸发器被碰划过的部位,软管易摩擦的部位,系统的各个连接部位。充氟时要注意,一定要使系统的压力低于氟利昂钢瓶中的压力,以防空气倒流到氟利昂钢瓶,影响氟利昂纯度。

3. 真空试漏

若系统内的空气抽不完或无法达到要求的真空度,说明系统仍有渗漏现象,应进一步检查。

七、空调系统抽真空

打开高、低压阀,维修接头;接真空泵,开动真空泵,便可对制冷系统抽真空,如图4—35所示。

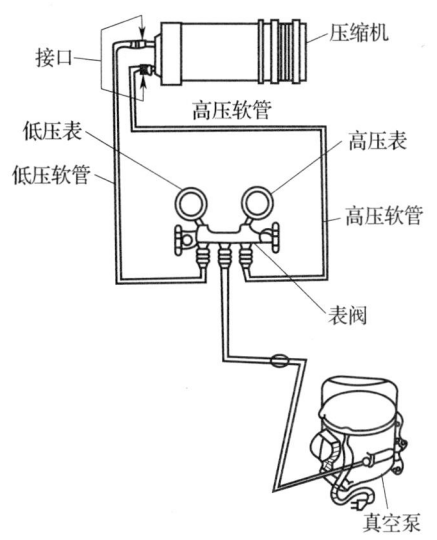

图4—35 空调系统抽真空

八、加注制冷剂

1. 从低压端加注气态制冷剂

如图4—36所示,从低压端加注气态制冷剂步骤如下:

第一步:检查真空度。抽真空,确保系统在60 min后真空泵压达到99.1 kPa,绝无泄漏,才能进行低压加注气态制冷剂工作。

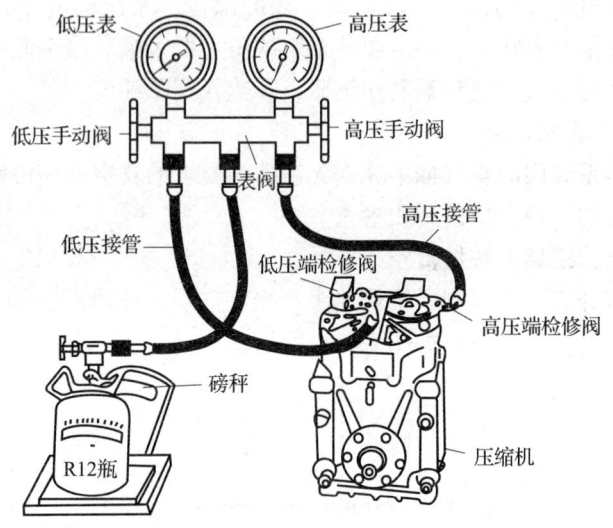

图4—36 从低压端加注气态制冷剂

第二步：接好表阀、制冷剂钢瓶和空调制冷系统高、低压端的检修阀管道。

第三步：去除管内空气。

第四步：充注气态制冷剂。

2. 从低压端加注液态制冷剂

如图4—37所示，从低压端加注液态制冷剂步骤如下：

第一步：抽真空，确保系统在60 min以内真空度达到99.1 kPa以上，绝无泄漏后才能进行制冷剂冲注。

第二步：接好表阀、制冷剂钢瓶和空调制冷系统高、低压管道，并除去管内空气。

第三步：打开直立的制冷剂瓶阀和低压手动阀，让制冷剂气体进入系统达3~5 min。起动发动机（转速在1 200~1 500 r/min）和空调器（空调键置于"A/C"，风扇键置于"HI"），将制冷剂钢瓶倒置，让液态制冷剂徐徐进入系统的气液分离器直到足量。

第四步：充注制冷剂完毕后，关闭低压手动阀，观察流过视液镜的情况，检查高压表、低压表的压力值。符合标准后关闭制冷剂钢瓶的阀门，拆下软管，停止空调器工作，停止发动机运转。

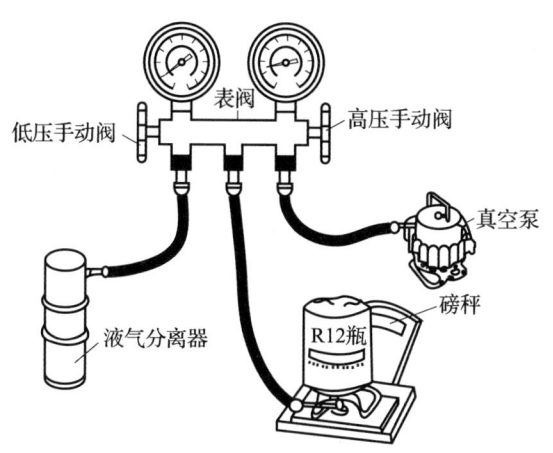

图 4—37 从低压端加注液态制冷剂

3. 从高压端充注液态制冷剂

如图 4—38 所示，在压缩机工作阀（高、低压阀）上连接好表阀，排除制冷剂注入管道内的空气，然后打开高压端手动阀，使其处于全开启状态，并把制冷剂钢瓶倒立起来，液态制冷剂就会从高压端流入制冷系统。

九、加注润滑油（冷冻油）

如图 4—39 所示，加注润滑油（冷冻油）的步骤如下：

第一步：关闭高压侧手动截止阀。

第二步：把高压侧软管从高低压组合表上拆下，插到冷冻机油的杯里。

第三步：打开检修阀，把冷冻机油从油杯吸入系统。

第四步：吸油快完毕时要立即关闭检修阀，以免吸入空气。

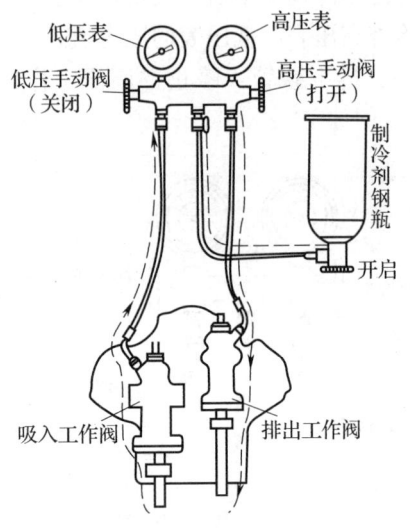

图 4—38 从高压端充注液态制冷剂

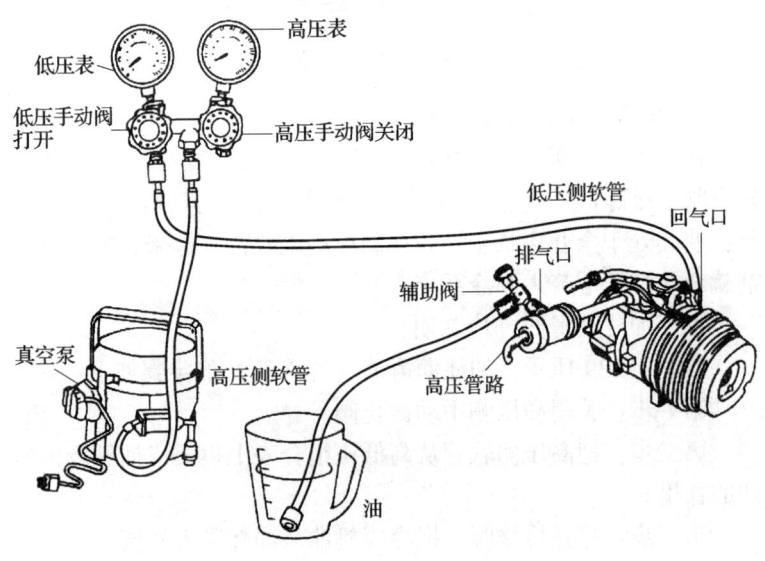

图 4—39 加注润滑油（冷冻油）

第五步：把高压侧软管拧在高低压组合表上，打开高压侧手动阀，开动真空泵，先为高压侧软管抽真空。然后打开低压侧手动阀，为系统抽真空，先抽到 98 kPa，再加抽 2 kPa，以便排除随油进入系统里的空气。此时，冷冻机油在高压侧，系统运转后，冷冻机油就返回压缩机。

当更换主要部件时，需要补充的冷冻油量见表4—7。

表4—7　　　　　更换主要部件时的冷冻油补充量

更换零部件		冷冻剂补充量（mL）
冷凝器	无渗漏油迹	10~30
	有大量渗漏油迹	40~60
蒸发器		40~50
储液干燥器		10~20
制冷管道	无渗漏油迹	不加油
	有大量渗漏油迹	10~20
系统漏气	无渗漏油迹	不加油
	有大量渗漏油迹	10~20

在进行空调系统维护时应注意如下要点：

（1）首先应检查发动机的冷却系统、燃油供给系统和电气系统，它们必须处于正常工况，再检修空调系统。

（2）如果在车上修理并拆卸制冷系统零部件时，必须戴手套及防护眼镜，以免制冷剂对人体暴露部位的冻伤。

（3）因制冷剂是无色无嗅的气体，且比空气密度大，会在通风条件差的场所积聚造成窒息危险。因此，应将制冷剂排放到远离工作场所的地方，最好收集到密封的容器中。

（4）制冷剂排放前，切勿锡焊、气焊制冷系统零部件，避免制冷剂遇热分解成对人体健康不利的物质。正式装配前，系统各部件的密封塞不得拆除，以免水气或异物进入而影响系统正常工作。

(5) 当制冷剂接触到眼睛或皮肤时,要用大量冷水冲洗,给皮肤涂上清洁的凡士林,然后速请医生治疗。

(6) 维修作业时要注意清洁和防潮,要防止污物、灰尘和水分进入回路,尽量不要在雨天进行维修作业。

(7) 在使用卤素灯检漏时,一定小心不要吸入检漏仪发出的气体,因为制冷在接触明火后会产生有毒气体。

第五单元　汽车常见故障的诊断

汽车是由上万个零部件组成的复杂系统，在使用中受到机械的、电的、物理的、化学的等各种应力的作用，受到自然环境、道路等多种因素的影响，还受到驾驶员、维修人员等人为因素的制约，汽车出现故障是在所难免的。

汽车故障的表现形式多种多样，让人看起来眼花缭乱，摸不着头绪。长期以来，判断和排除故障是由少数专业修理工所为，从而给判断和排除汽车的故障蒙上了一层神秘的面纱，使大多数驾驶员不敢轻易地走进这个神秘的世界。

然而，判断和排除汽车的故障是很容易的一件事情。这是因为汽车的故障有其变化规律和特征，只要掌握其内在的因素和变化条件，就能迅速准确地判断和排除汽车的故障。

模块一　汽车故障的诊断方法

一、汽车故障的一般表现

汽车的故障现象多种多样，表现不一，但有其代表性。当汽车发生故障时，常出现以下几种现象。

1. 异响

随着汽车使用时间的增长，受操作不当、维修质量和自然环境的影响，各个零部件因磨损、破损、松动、老化、接触不良、短路和断路等原因，在工作中产生超出规定的响声，如敲缸声、超速运转的啸叫声、零件擦碰声、换挡打齿声等。

汽车约有70%的故障都是通过异响表现出来的。因此，如果能从这种最直观的表现形式中找出故障的一般规律和特点，就会给汽车故障的诊断带来极大的方便。

2. 工作性能异常

汽车工作性能异常是较常见的故障现象，如起动困难、自动熄火、发电机不发电、挂挡困难、转向失灵、制动失灵等。

3. 渗漏

渗漏是指汽车的燃油、机油、冷却水、制动液等渗透漏出，这是一种明显的故障现象。渗漏容易造成过热、烧损、转向或制动失灵等故障，应及时排除。

4. 排烟异常

发动机工作时，燃烧生成物是二氧化碳和水蒸气。若发动机燃烧不正常，废气中掺有未燃烧的碳粒、碳化氢、一氧化碳或大量的水蒸气，出现冒黑烟、白烟、蓝烟现象。烟色不正常是诊断柴油机故障的重要依据。

5. 消耗异常

消耗异常也是一种故障症状，如燃油、机油、冷却水异常消耗，油底壳油面反常升高等。燃油消耗异常是发动机技术状况不良的一个重要标志。

6. 异味

在行驶过程中，汽车会出现一些异常气味现象，如离合器摩擦片、制动蹄片、橡胶或绝缘材料发出的烧焦味，排气时有不完全燃烧的油气味等。在行驶中，一旦发现有这些异常气味，应停车查明故障所在。

7. 过热

过热现象通常表现在发动机、变速器、驱动桥和制动器等总成上。在正常情况下，无论汽车工作多长时间，这些总成应保持在一定工作温度。除发动机外，当用手触试时，感到烫疼难忍即表明该处过热。过热会造成恶性事故，不可以掉以轻心。

8. 外观异常

将汽车放在平坦场地上，若有横向或纵向歪斜等现象，即为外观异常。其原因多为车架、车身、悬架、轮胎等出现异常，这会引起方向不稳、行驶跑偏、重心转移、车辆啃胎等弊病。在日常使用中应及时检查和排除外观异常现象。

二、故障产生的主要原因

汽车在各种复杂条件下运用，形成故障的因素是多种多样的。分析、研究汽车故障的成因是诊断故障应具备的知识，特别是弄清某些条件下故障的成因，更有利于迅速而准确地做出结论。

1. 汽车设计制造上的缺陷或薄弱环节

现代汽车设计结构的改进，制造时新工艺、新技术和新材料的采用，加工装配质量的改善，使汽车的性能和质量有了很大的提高，也的确减少了新车在一定行驶里程内的故障率。但由于汽车结构复杂，各总成、组合件、零部件的工作情况差异很大，不可能完全适应各种运行条件，使用中就会暴露出某些薄弱环节。例如，汽车的气门弹簧经常断裂、发动机容易过热、行驶中容易摆头、变速箱容易发生故障等。积累汽车各部位故障的资料，熟悉和掌握其特殊性，都有利于故障诊断。

2. 配件制造的质量问题

随着汽车配件消耗量的日趋增长，配件制造厂家也越来越多。但由于他们的设备条件、技术水平、经营管理良莠不齐，配件质量就很不一致。如在同一缸盖下各缸的燃烧室容积差超出公差范围，装后发动机后出现无力或者突爆现象；正时齿轮齿形及正时位置超差，破坏了正常的配气相位而影响了动力性；前钢板弹簧的刚度、挠度、规格尺寸不符合标准，使汽车转向系统产生故障等。尽管配件的质量正在改善提高，但这仍然是分析、判断故障时不能忽视的因素。

3. 燃、润料品质的影响

合理选用汽车燃、润料是汽车正常行驶的必要条件。因此,使用不符合各厂牌车型要求的燃、润料,也是故障的一个原因。

4. 道路条件及温度等环境的影响

汽车在不平路面行驶时,其悬挂部分容易损坏、连接部分容易松动,从而引起有关部位的故障。若经常在山区行车,会由于传动、制动部分工况的变动次数多、幅度大,而导致早期损坏。

5. 管理、使用不善的影响

因管理、使用不善而引起的故障是占有相当比重的。如柴油发动机使用未经滤清的柴油;新车或大修出厂车不执行走合规定,不进行走合保养;行驶中不注意保持正常温度、装载不合理或超载等,均是引起汽车早期损坏和故障发生的原因。

6. 不执行计划预防保养制度、保修质量差的影响

汽车在运行中随着行驶里程的增加,各零部件都将产生磨损、变形、损伤和松动,而且在一定的运用条件下,这种自然损伤是有规律的。如果我们根据这些规律去确定保养周期、项目,并认真执行保养作业,就会延长车辆使用寿命,最大限度地减少故障。反之,不认真执行适应这种客观规律的计划预防保养制度,以致保修质量不高,都会影响汽车的使用质量,从而增加故障率。

三、诊断故障的基本方法

1. 看

看就是观察。例如,观察柴油发动机的排烟颜色,再结合其他情况的分析,就可判断其工作情况。

2. 听

听就是凭听觉判别汽车的声响,从而确定哪些是异常响声,以及它们是怎样形成的。

3. 嗅

嗅就是凭汽车在运转中散发出的某些特殊的气味来判断故障

之所在。这对于诊断大电流用电设备、摩擦衬片等处常见故障是简便有效的。

4. 摸

摸就是用手触试可能发生故障部位的温度、振动情况等,从而判断出配合副有无发咬、轴承是否过紧、柴油管路有无供油脉动等。

5. 试

试就是试验验证。如采用单缸断火法判定发动机异响的部位,用更换零件法来证实故障的部位。

以上五个方面并非每一种故障诊断的必须程序,不同的故障可视其具体情况灵活运用。

四、排除故障的常用方法

汽车故障排除常采用试探法、隔除法、换件法等方法。

1. 试探法

对于某些故障原因,可以通过试探改变有关零件或部件的技术状况,然后观察故障现象有无变化,以判断故障现象是否是由该故障原因引起的。

例如,汽缸活塞组磨损是汽缸压力过低故障现象的一个可能故障原因。当进行检查时,可用试探法向汽缸内注入一些机油,然后再进行试测。如果汽缸压力明显回升,表明活塞、汽缸体磨损是汽缸压力过低故障的真实成因,反之则不是。

采用试探法时必须考虑到恢复原状的可能性,并且要确认不会因此而产生不良后果。此外,应尽量减少零件拆卸。

2. 隔除法

对某些故障原因,可以采用暂时隔除有关零件的作用,或暂时停止有关部分的工作,然后观察故障现象有无变化,以判断这一故障原因是否为该故障现象的真实原因。

例如,当听到离合器有异响时,可以采用隔除法,间断分离和接合离合器，然后倾听异响的变化，以判断异响是来自离合前还是离合后。

3. 换件法

进行故障判断时，若某些故障原因经分析判定其实际存在的可能性很大，但通过采用其他方法判断又一时难以得出确切结论，此时可采用换件法。也就是将所怀疑的零件拆下，用性能完好的零件代替，然后观察故障现象有无变好，以确切判断故障的真实成因。

例如，发现柴油发动机工作不正常，经分析怀疑原因在于喷油器，但通过采用其他方法检查又一时不能确切断定。这时可更换性能完好的喷油器，然后观察故障现象有无变化。如果故障现象消失，表明原喷油器损坏，反之故障发生在其他部位。

采用换件法时需要对机器进行拆卸，因此不能滥用。另外，换件对象一般是小型的零部件。

模块二 汽车发动机常见故障的诊断

汽车发动机的技术状况是随着汽车行程的增加而逐渐变化的，各运动部件的磨损程度会随之不断加重，从而致使发动机的各种故障不断出现。

发动机和各个机构和系统相互之间形成了严密的工作配合关系，任何一部分机构出现故障都会影响整个发动机的性能，直至停止运转或出现机械故障。而发动机是汽车的心脏，其工作性能的好坏直接影响整个汽车的动力性能、燃油消耗性能等。因此，要经常对发动机进行技术检查，出现故障要及时诊断排除。

一、发动机不能起动

电控发动机不能起动的故障现象：起动发动机时发动机不转，或能转动但不能起动。其故障诊断如图5—1所示。

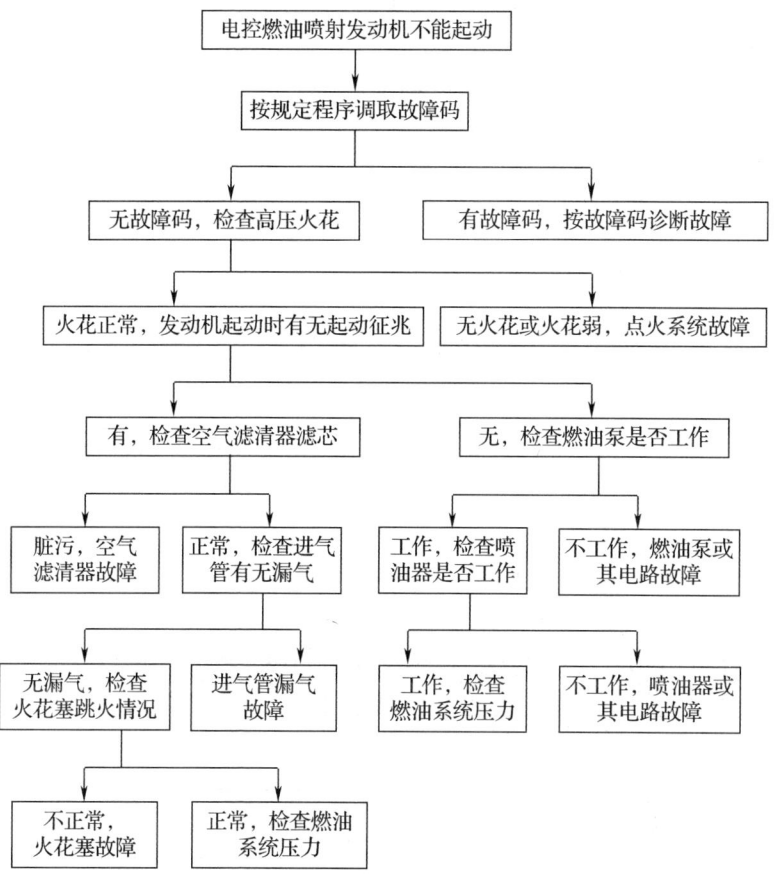

图5—1 发动机不能起动的故障诊断

二、发动机起动困难

发动机起动困难的故障现象：发动机不易起动，起动后很快又熄火。其故障诊断如图5—2所示。

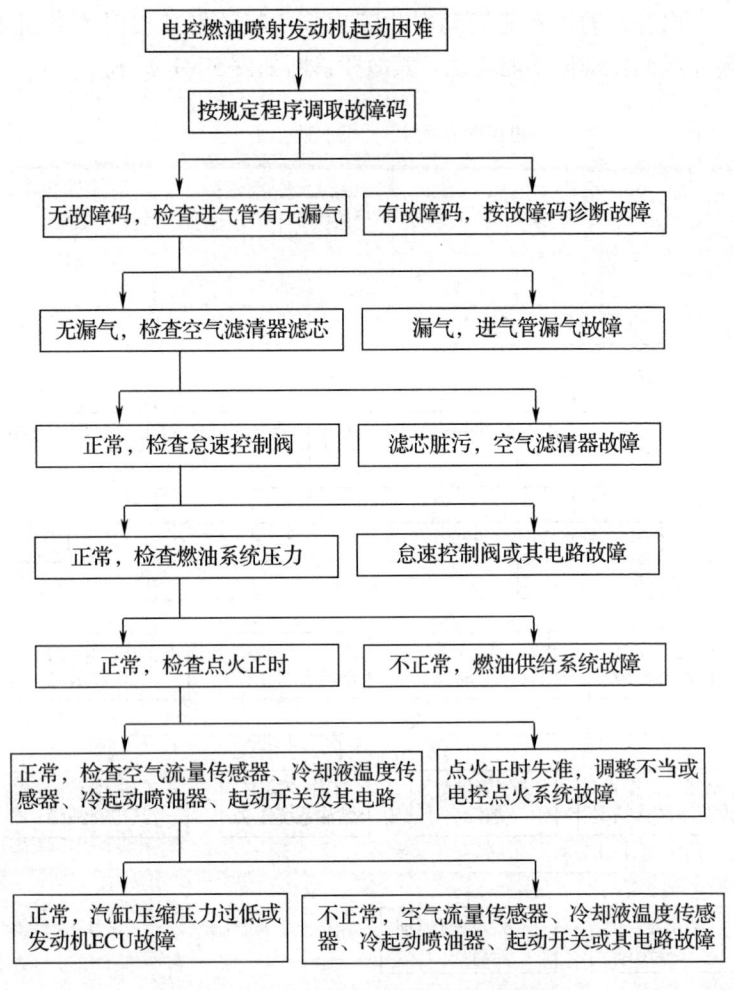

图 5—2 发动机起动困难的故障诊断

三、发动机加速不良

发动机加速不良的故障现象：发动机加速时无力且有抖动现象，转速不易提高。其故障诊断如图 5—3 所示。

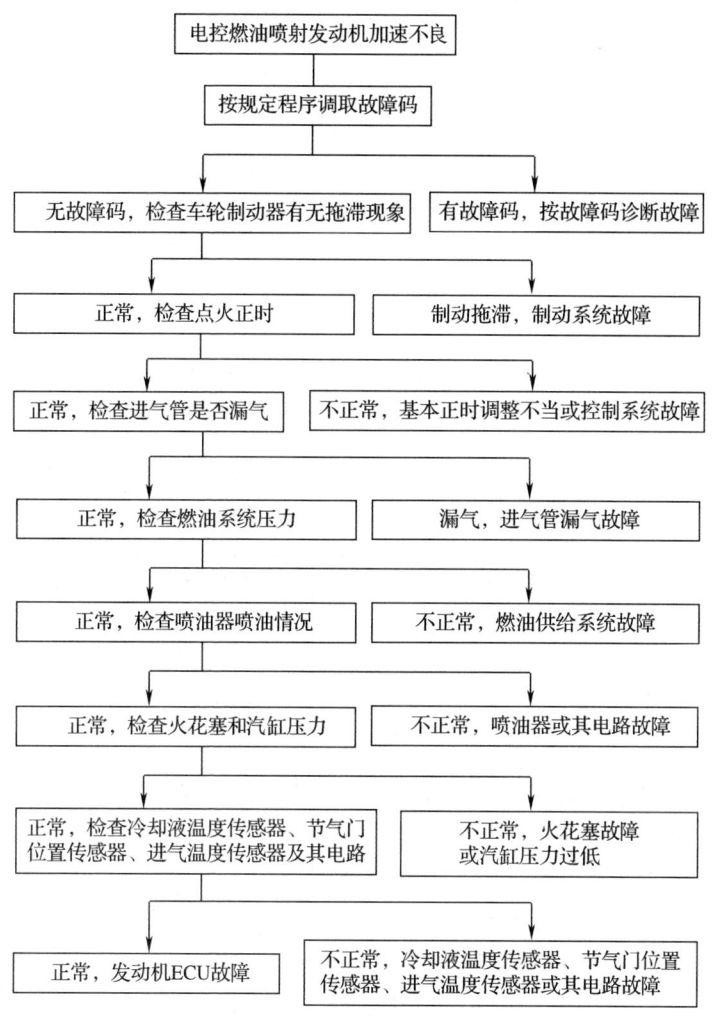

图5—3 发动机加速不良的故障诊断

四、发动机怠速过高

发动机怠速过高的故障现象：发动机在怠速工况下，其转速明显高于标准值。其故障诊断如图5—4所示。

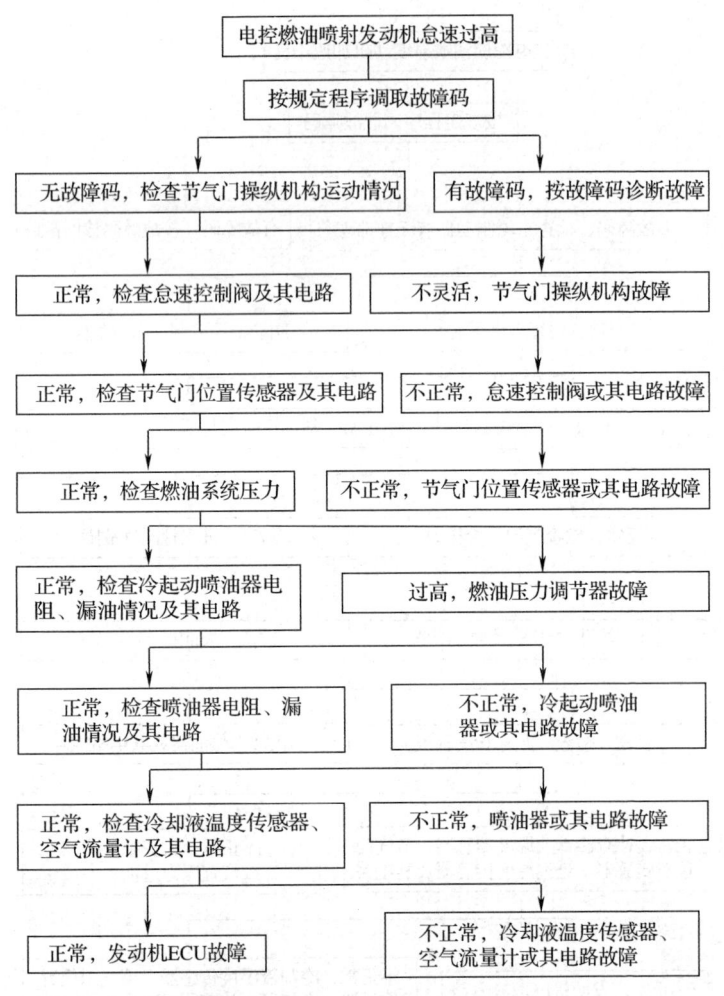

图 5—4 发动机怠速过高的故障诊断

五、发动机怠速不稳、易熄火

发动机怠速不稳、易熄火的故障现象：发动机在怠速工况下，怠速转速明显过低，且不稳定、经常熄火。其故障诊断如图 5—5 所示。

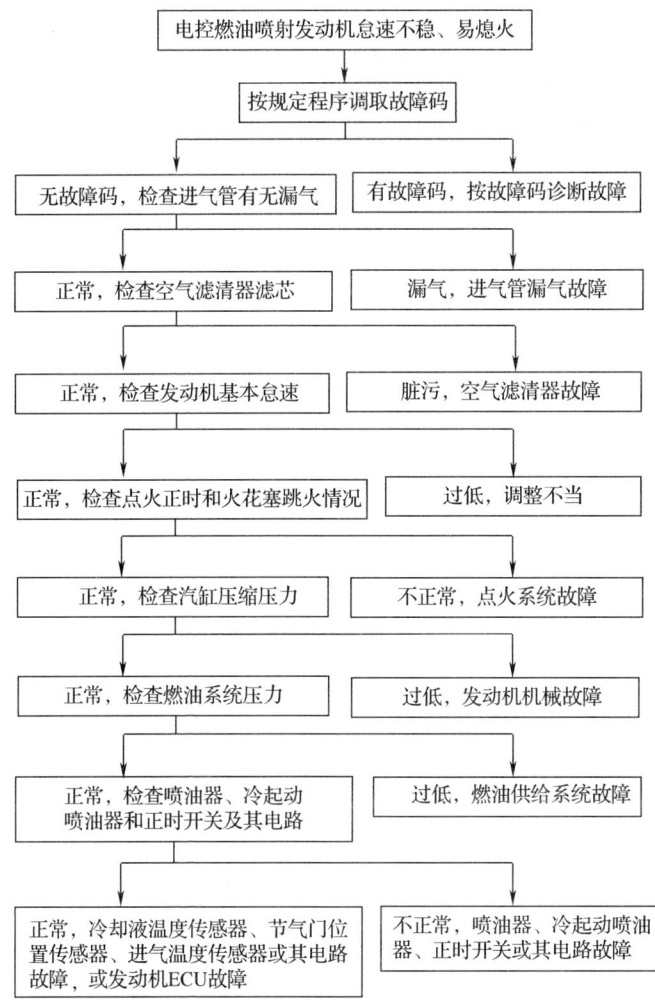

图 5—5 发动机怠速不稳、易熄火的故障诊断

六、发动机过热

发动机的正常工作湿度应在 80~95℃。如果发动机水温表显示在红色区域（95℃以上）或超过红色区域，说明发动机温

度过高。

发动机过热一般会出现发动机冷却水温度过高、冷却水消耗过大、发动机突然过热等现象。

1. 发动机冷却水温度过高

发动机在运行过程中,水温表上显示的冷却水温度始终在95℃以上,其主要原因有散热器散热不良、冷却水不足、风扇变形等。

2. 冷却水消耗过大

出车前刚刚加满的冷却水,没一会就出现水箱漏水,导致发动机过热。其原因是冷却水路中存在漏水故障。

3. 发动机突然过热

汽车在行驶过程中,水温表显示冷却水温度突然升高,其原因主要有风扇皮带断裂、水泵损坏或节温器卡滞等。

造成发动机过热的主要原因如图5—6所示。

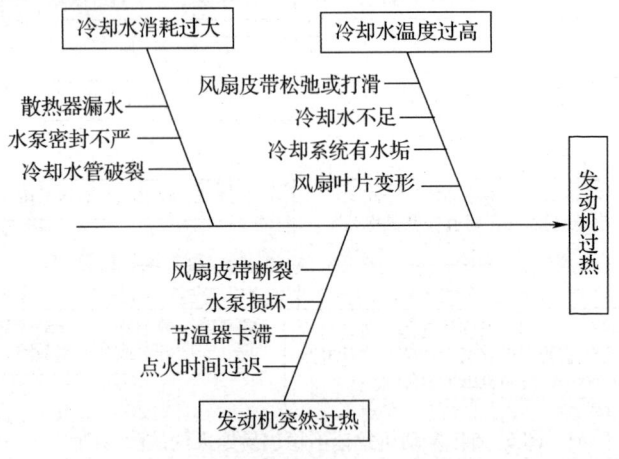

图5—6 发动机过热的主要原因

七、发动机发出不正常响声

由于发动机大多数运动机件磨损和老化使零件的配合间隙增

大，在运动中由于振动、相互撞击和滑磨会发出金属碰击和摩擦声。异响是故障报警的一种形式，表明发动机存在故障，应及时排除。

发动机异常响声通常有爆燃声、摩擦声、敲击声。

1. 爆燃声

当踩油门踏板想要加速时，产生"锵锵"的敲击声，好像用锤头敲打汽缸壁。以这种状态持续运转的话，功率会降低，燃料消耗量也会增加，而且会使燃烧室内的气体温度升高，给活塞及阀门带来不良的影响，最后造成发动机损坏。

发动机燃烧时产生的不正常响声是发动机在特定转速时出现的，这种响声可以通过调整来排除。

2. 摩擦声

当发动机运转时，有令人刺耳的声音出现，有东西相互摩擦所发出来的"啾噜，啾噜"的声音及转动阻力大时所发出来的"咔啦"等各式各样的声音。发出这样的声音一定是发动机哪里出了问题。由于声音越大，便是情况越严重的警讯，因此应仔细倾听声音发出的源头。

发动机运转时出现的异常声音会随发动机的转速变化而增大。常见的连续异响有风扇皮带松动或损坏时的滑磨声、发电机轴承损坏和水泵轴承损坏的响声、正时齿轮啮合不良的响声等。

3. 敲击声

发动机出现的敲击声多为发动机机械部分异常而发出的，是比较严重的异响。常见的发动机异响有活塞的敲击声、曲轴轴承的敲击声（大瓦响）、连杆轴承的敲击声（小瓦响）、活塞销的敲击声、气门脚敲击声等。这些异响声均表现为有节奏的金属敲击声，并随发动机转速而变化。出现这些异响（除气门脚敲击声外）时均表明发动机出现严重的故障。

当发动机出现明显的金属敲击异响时，必须送厂修理。如果在行驶途中出现异响，切勿勉强行驶，应请专业人员鉴定处理后再行驶，否则会损坏机件，严重时会使发动机报废。

造成发动机有异常响声的主要原因如图5—7所示。

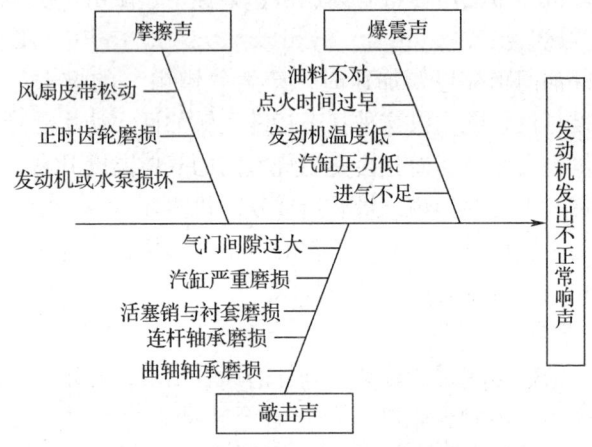

图5—7　发动机有异常响声的主要原因

模块三　汽车底盘常见故障的诊断

底盘故障的特点在于各系统有着紧密联系，且互相影响。例如，行驶系统中的前钢板弹簧或前轮定位故障会导致转向系统的故障，又如车架变形往往造成转向系统、制动系统、行驶系统同时产生故障。为此，在诊断故障所在部位时不能局限于某一系统，而应全面分析诊断。

如果底盘出现了故障，不仅增加油耗、机件磨损、使动力传递效率下降，而且可能造成操纵失灵，甚至出现行车事故。因此，在汽车的使用中应经常检查底盘的技术状态，发现故障及时排除。

一、离合器发响

离合器不同部位的机体发出的响声反映在工作中的时机也是不一致的，其产生的原因也是完全不同的，检查时应注意区别。诊断离合器发响时要注意分清发响的时机，是离合器分离时还是接合时，或者是在分离和接合的过程中。

离合器发响主要有踩下离合器踏板时发响、接合离合器踏板时发响、行驶时离合器发响。

离合器发响的主要原因如图5—8所示。

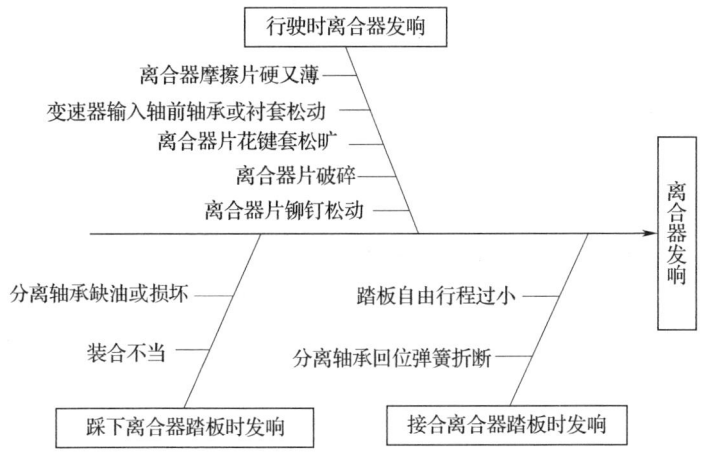

图5—8　离合器发响的主要原因

二、离合器打滑

发动机温度正常后，放松手制动杆，将变速杆挂低速挡，缓抬离合器踏板，同时徐徐踩下油门踏板起步，汽车不能起步，发动机也不熄火，或行驶无力。当汽车重载、上坡行驶或在泥泞道路行驶时，可嗅到离合器摩擦片的焦臭味，说明离合器打滑。

离合器打滑的实质是摩擦力不足，发动机发出的扭矩不能完全传出，主要原因是离合器自由行程过小，摩擦片表面发生了变化。

离合器打滑可以从压紧弹簧弹力不足、摩擦面磨损系数降低两方面诊断排除。

离合器打滑的主要原因如图5—9所示。

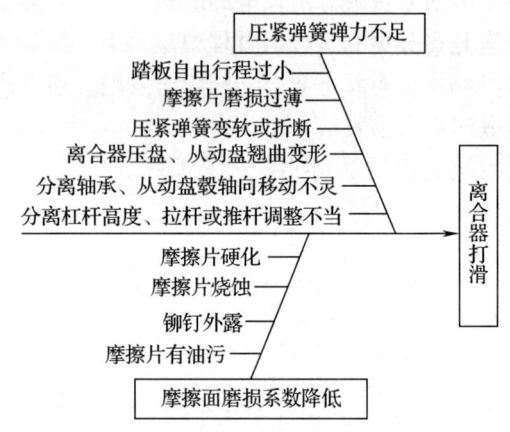

图5—9　离合器打滑的主要原因

三、离合器接合不平顺

汽车用低速挡起步时，按操作规程逐渐放松离合器踏板，并徐徐踏下加速踏板，离合器不能平稳接合且产生抖振、发闷、振动等，使舒适性下降。

离合器接合不平顺时可从起步时发抖、起步发闷、起步时振动三个方面去诊断排除。

1. 起步时发抖

当挂入低速挡后，发动机转速适当，缓慢放松离合踏板时，汽车不能平稳起步，车身发抖，严重时可使发动机熄火。起步时车身发抖并不是驾驶技术不熟练，而是由于车身松旷所致。

2. 起步发闷

当汽车起步时，尽管慢松离合器踏板，轻踏油门，还是抖动，并且发出"咯噔"的响声，故障的实质是主从动盘突然接合所致。

3. 起步时振动

汽车起步过程中就抖动，起步后车身由抖动变为振动，车速越快振动越厉害，故障的实质是离合器总成不平衡。如未按原装配位置组装离合器；只更换了几个分离杠杆，并且没有进行平衡实验；未装平衡片或漏装隔热垫等。

离合器接合不平顺的主要原因如图 5—10 所示。

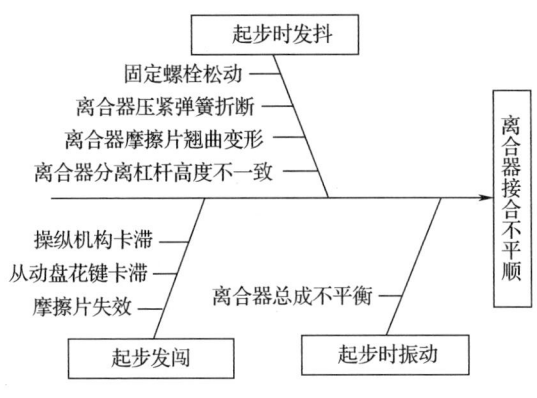

图 5—10 离合器接合不平顺的主要原因

四、手动变速器发响

手动变速器发响的原因主要是齿轮、轴和轴承的磨损损坏。从发响的时机来说，有两种情况：一是在空挡时发响，挂挡后同样发响；二是在空挡时不响，而在挂上某一挡位时发响。因此，诊断时应首先分辨出在空挡还是在挂挡时发响。

手动变速器发响的主要原因如图 5—11 所示。

五、挂挡困难

变速器担负着车辆变速、变扭的任务。为了适应汽车在各种复杂行驶条件下行进，就需要不断变换不同的挡位。若出现挂不上挡或不能摘挡是一件很不愉快的事情，这不仅会影响汽车的正常运输作业，甚至影响行车安全。为此，车辆使用中应迅速找到挂挡困难的原因，并及时排除。

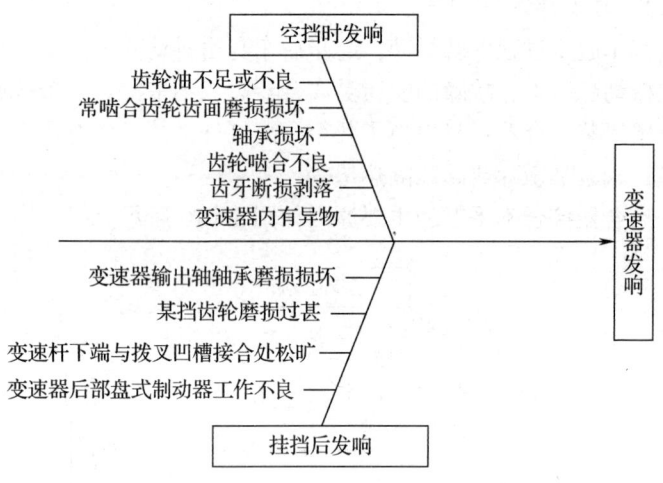

图5—11 手动变速器发响的主要原因

在起步和行驶中挂挡时,变速器内发出尖锐的"嘎嘎"的齿轮碰撞声,挂不上挡位,其主要原因有操作不当、离合器分离不开、变速器不良和变速操纵机构不良等。

挂挡困难的主要原因如图5—12所示。

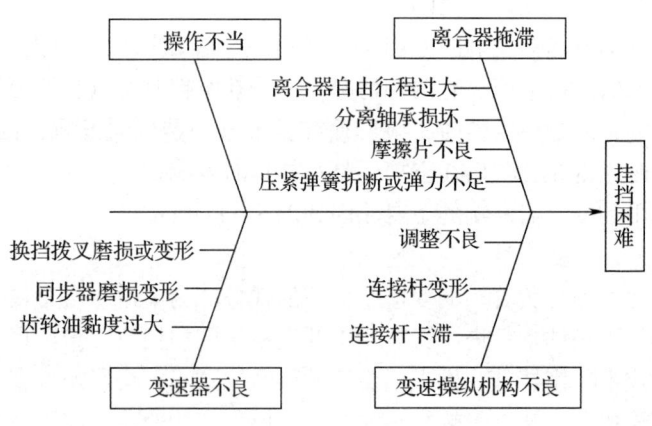

图5—12 挂挡困难的主要原因

六、传动轴及驱动桥异响

汽车在行驶中如果发现或怀疑驱动桥发响,因其距驾驶座位较远,倾听不便,可将车缓慢行驶于比较清静的地段,而由另一人在驱动桥上部倾听;或将两后轮架空,起动发动机并挂进低挡,使后轮在不同速度下旋转,在车下倾听。

驱动桥发响的主要原因有齿轮磨损或调整不当、齿轮制造质量不良以致啮合不良,轴承间隙调整不当或磨损松旷。

传动轴及驱动桥异响主要表现为在平直道路上行驶发响、上下坡时发响、转弯时发响。

传动轴及驱动桥发响的主要原因如图5—13所示。

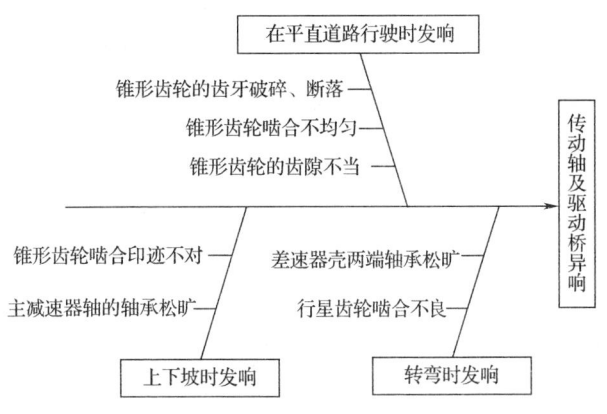

图5—13 传动轴及驱动桥发响的主要原因

七、转向操纵困难

在汽车行驶过程中,转向系统和前桥由于受到紧急制动、侧滑、不平路面等各种冲击载荷,致使零件磨损、损伤、变形、裂纹甚至折断,造成汽车行驶时出现转向沉重、操纵不稳定、自动跑偏等故障。这些故障直接关系到汽车行驶的安全性,应及时诊断排除。

转向操纵困难主要表现为转向沉重、行驶时前轮摆动、行驶跑偏、转向不灵。

1．转向沉重

转动方向盘的力应小于60 N，否则转动方向盘就感到费力。转向沉重主要是转向机件变形或修理装配后调整不当所致。

2．行驶时前轮摆动

汽车直线行驶时，前轮间断发生左右来回摆动，同时左右钢板弹簧会互相间隔屈挠，使车身发生摇晃颠簸，这种现象一般称为行驶摆头。行驶摆头严重地破坏了汽车行驶的平顺性，直接影响着汽车的行驶安全，增加了轮胎的磨损，使汽车只能以较低的速度行驶。

3．行驶跑偏

汽车行驶时，转向轮自动偏向一边，驾驶员必须紧握方向盘，不断校正方向，才能保持直线行驶；有时在行驶中会突然感到方向往一轮偏转，其偏转力越来越大等。故障的实质是左右两侧车轮的行驶阻力不同。

4．转向不灵

要使方向盘转动较大角度才能控制行驶方向；或直线行驶时感到行驶不稳，即使不断修正方向，也不能直线行进。

转向操纵困难的主要原因如图5—14所示。

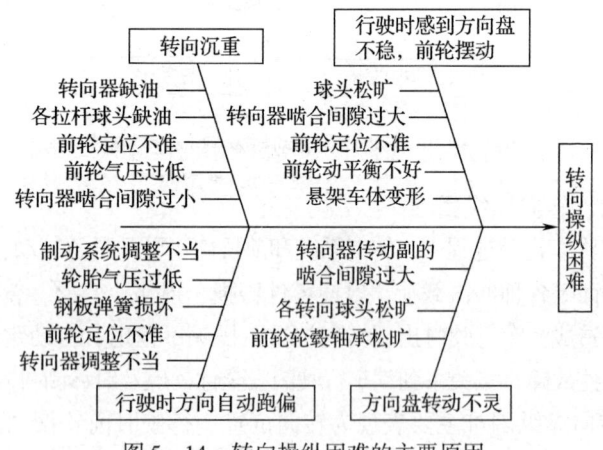

图5—14 转向操纵困难的主要原因

八、制动失效或失准

汽车的制动系统是用来控制行驶速度和停车的,其制动性能的好坏直接关系到生命安全与否。因此,必须始终关注制动系统的状态,当发现制动系统有微小异常时,应及时检查排除。

制动失效或失准主要表现为制动踏板踩到底也不能立即减速停车、踏下制动踏板时感觉良好但制动效果不佳、制动跑偏、制动拖滞。

制动失效或失准的主要原因如图5—15所示。

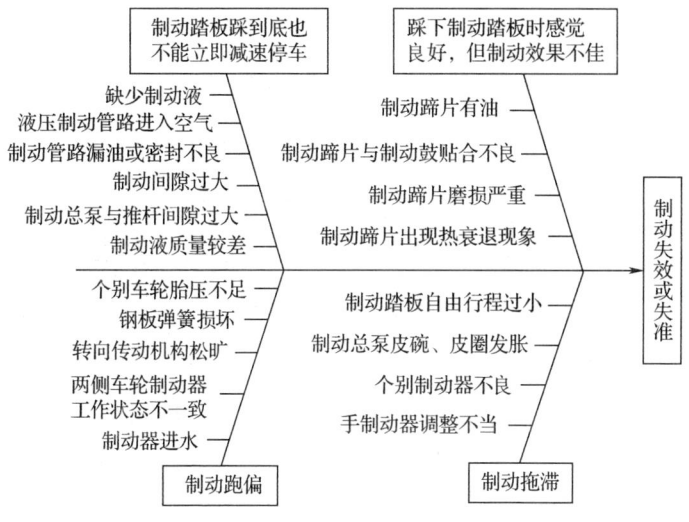

图5—15 制动失效或失准的主要原因

九、轮胎异常磨损

轮胎直接与地面接触,既要支承全车的重量,吸收和缓冲路面振动,又要有良好的附着性能,以提供汽车的动力性、制动性和通过性,所以轮胎性能的好坏尤为重要。

轮胎异常磨损呈多种表现形式,但其共同影响因素是轮胎的气压、轮胎的动平衡、前轮定位、转向机构等。

轮胎异常磨损主要表现为胎冠两肩磨损、胎冠中部磨损、胎冠外侧或内侧磨损、胎冠锯齿状磨损、胎冠呈波浪状或碟边状磨损。

轮胎异常磨损的主要原因如图5—16所示。

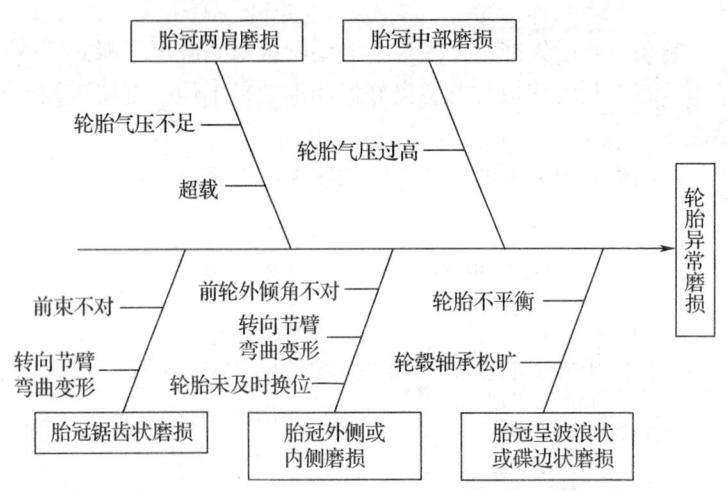

图5—16 轮胎异常磨损的主要原因

十、突然停驶

汽车行驶中偶尔会发生自动减缓车速或停驶现象，这种现象的发生严重地影响行车安全。

突然停驶的情况主要有变速器自行脱挡、传动系统某轴突然折断、前轮或后轮飞脱、轮胎爆裂、陷车。

1. 变速器自行脱挡

汽车在正常行驶之际，突然出现车速减缓欲停，而发动机转速却升高，同时可听到"啪"的一声，即为变速器自动脱挡。此时变速杆跳回空挡位置。

此故障多发生于高速挡，因其使用频繁，各有关零件较易磨损损坏，且在未经修复以前经常发生。

2. 传动系统某轴突然折断

传动系统的传动轴、驱动半轴等由于疲劳损伤，或制造上的缺陷，受到剧烈的路面冲击时会出现突然折断的现象。

3. 前轮或后轮飞脱

前轮或后轮飞脱是非常危险的。不仅飞脱的车轮会撞伤行人、撞到物体，而且会造成汽车翻倾，造成人员伤亡和车辆损坏事故。

4. 轮胎爆裂

轮胎爆裂是危及行驶安全的故障。如果遇到轮胎爆裂，应紧握方向盘控制行驶方向，放松油门踏板，利用发动机制动将车缓慢停住。

5. 陷车

当汽车在乡村土路行驶时，车轮会陷入泥坑、沼泽、水沟里，使汽车车轮空转不能行驶。

突然停驶的主要原因如图5—17所示。

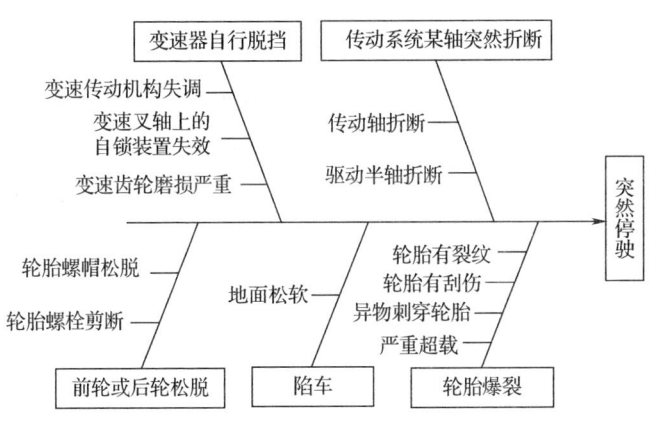

图5—17 突然停驶的主要原因

模块四　汽车电气设备常见故障的诊断

电在日常生活中随处可见，在汽车上也得到了广泛的应用。而且随着汽车电气技术的飞速发展，越来越多的汽车安装了各种各样的电气设备，以保证发动机迅速起动，夜间照明和安全行驶。

一、蓄电池工作不良

蓄电池是整车电气系统的心脏，具有以下功能：

（1）在发动机起动期间，向起动机、点火系统、电子燃油喷射和其他电气设备供电。

（2）当发动机没有运转或处于低怠速时，向整车用车设备供电。

（3）当用电量超过充电系统的输出时，可以在有限时间内供电。

（4）起到稳定整车电气系统电压的作用。

因此，当蓄电池工作不良时会影响发动机起动，整车电气、电子设备的正常使用，须认真对蓄电池进行维护保养。

蓄电池工作不良主要表现为自行放电、极板硫化、存电量不足、电解液消耗过快。

蓄电池工作不良的主要原因如图5—18所示。

二、充电系统工作不良

当发动机中速运转时，电流表指示放电 −3～5 A，或充电指示灯亮，或指针左右摆动，说明发电机工作不良，应停车检修。

充电系统工作不良表现为充电系统不充电、充电电流过小、充电电流过大、充电不稳定。

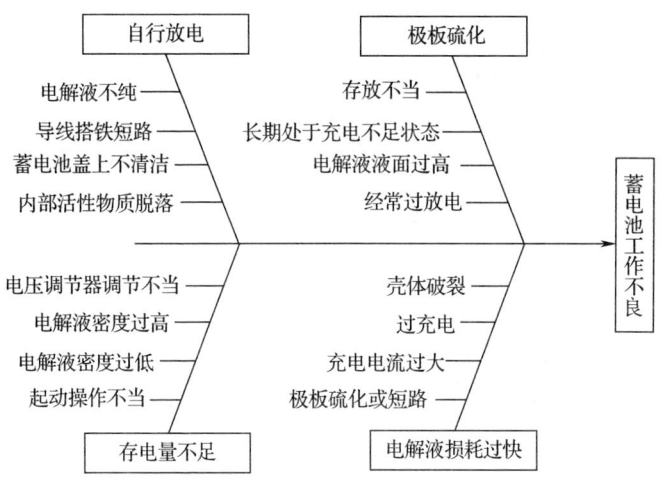

图 5—18 蓄电池工作不良的主要原因

1. 充电系统不充电

发动机在中速以上运转时,出现电流表指示放电（-3~5 A）,或电压表指示不充电,充电指示灯不熄灭等,表明充电系统不充电。

2. 充电电流过小

若起动性能变差、蓄电池充电间隔时间变短；发动机运转时,转速很高,充电电流一直很小；发动机中速运转,当大灯为远光时,电流表指示放电,均表明充电电流过小。

3. 充电量过大

发动机运转至中速以上时,电流表指示大电流,蓄电池电解消耗过快、点火线圈和发电机过热,易烧分电器触点（如果有）,易烧灯泡,则表明发电机充电量过大。

4. 充电不稳定

发动机正常运转时,汽车上的电流表指示充电,但指针左右摆动,看不准读数（或充电指示灯时亮时灭）。

充电系统工作不良的主要原因如图5—19所示。

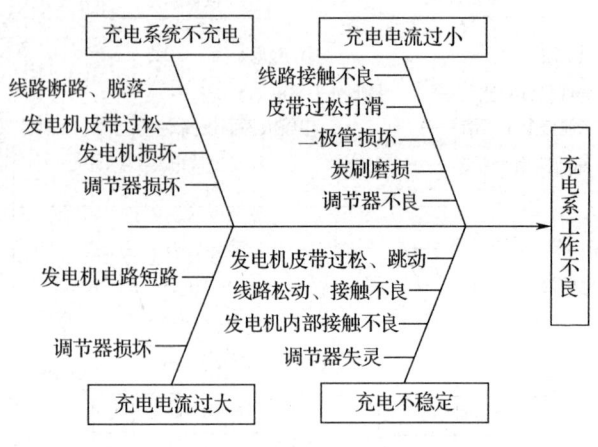

图5—19 充电系统工作不良的主要原因

三、起动机工作不良

汽车发动机由静止状态转为运转状态的过程为起动。发动机进入正常工作循环之前，必须借助外力来起动。现代汽车发动机的起动任务大多由电磁控制式起动系统来完成。

起动机工作时，其起动电流很大，在大负荷下工作容易发生故障。起动机工作不良主要表现为起动机不能转动或转动无力、起动机空转、起动机异响。

1. 起动机不能转动或转动缓慢无力

接通起动开关，起动机不能转动或转动缓慢无力。其原因是蓄电池无电，或起动机损坏，或开关损坏。

2. 起动机空转

当起动开关后，起动机能正常转动，但只听到"呼呼"的空转声或"咔啦咔啦"的齿轮撞击声，而发动机曲轴并不转动。

3. 起动机异响

接通起动开关，听到"嘎嘎"的轮齿撞击声，发动机曲轴不能随之转动。

起动机工作不良的主要原因如图 5—20 所示。

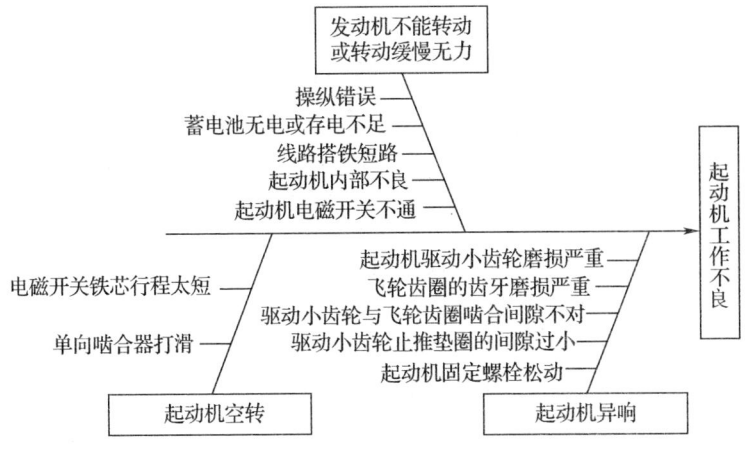

图 5—20　起动机工作不良的主要原因

四、灯系工作不正常

为了保证汽车在夜间和雾中安全行驶，车上装有各种各样的灯，如大灯、转向灯、防雾灯、刹车灯、仪表灯、顶灯、工作灯等。灯光是汽车的眼睛，若灯光不亮，就难能保证行车安全，会发生意外事故，因而必须及时修复。

汽车照明系统故障一般是由于线路断路、短路，灯丝烧毁，以及中间设备（开关、保险）损坏而引起的。

灯系工作不良主要表现为一个或数个灯不亮、灯光暗淡、大灯射出的光束不正、转向灯闪光不正常。

灯系工作不良的主要原因如图 5—21 所示。

五、仪表工作不正常

为了使驾驶员能随时了解汽车和发动机的各种参数是否正常，以便及时采取措施，防止发生人身和机械事故，汽车上使用了多种仪表，如水温表、机油压力表、燃油表、车速里程表、电流表等。

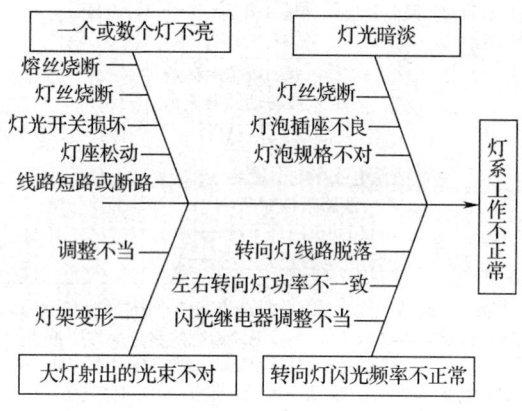

图 5—21 灯系工作不良的主要原因

仪表工作不正常主要表现为水温表指针不正常、机油压力表指针不正常、燃油表指针不正常。

仪表工作不正常的主要原因如图 5—22 所示。

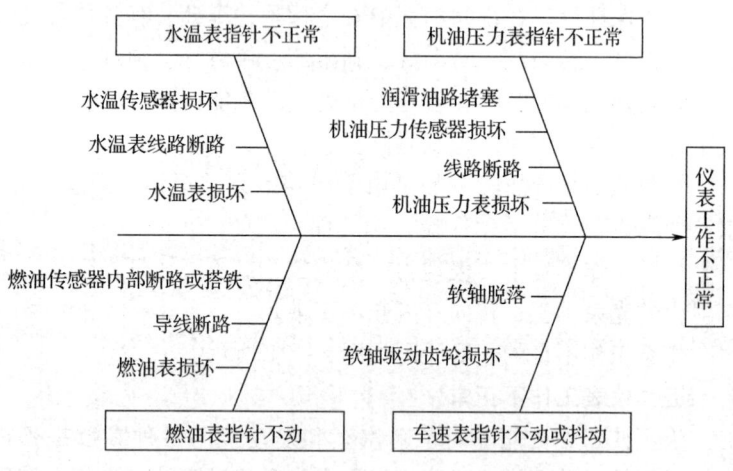

图 5—22 仪表工作不正常的主要原因

培训大纲建议

一、培训目标

通过培训,培训对象可以在各类汽车 4S 店、汽车快修店等从事汽车修理岗位工作。

1. 理论知识培训目标

(1) 了解汽车修理的含义与重要性。

(2) 了解汽车修理人员的职责与任职要求。

(3) 熟知各类汽车修理作业的安全细节。

(4) 熟悉各类汽车修理工具的构造原理与使用方法。

(5) 掌握汽车发动机的构造原理、维护方法。

(6) 掌握汽车底盘的构造原理、维护方法。

(7) 掌握汽车电气设备的构造原理、维护方法。

(8) 掌握汽车常见故障的现象、产生原因与诊断方法。

2. 操作技能培训目标

(1) 掌握汽车修理工常用工具(扳手、旋具、手锤、手钳、拉器、钢直尺、卡钳、90°角尺、塞尺、游标卡尺、百分表、千分尺、汽缸压力表、万用表、举升机、解码仪等)的正确使用。

(2) 掌握发动机进气系统、冷却系统、润滑系统、配气机构、点火系统、汽油机供油系统、柴油机供油系统、起动系统等部件的功用、组成、维护作业方法。

(3) 掌握空气滤清器的检查与更换、冷却液的检查与更换、机油滤清器的检查与更换、机油的检查与更换、火花塞的检查与更换、正时带的检查与更换、气门间隙的检查与调整、燃油滤清器的检查与更换、燃油压力的检查、起动机的检查与更换等技能的正确操作方法。

（4）掌握离合器、手动变速器、自动变速器、万向传动轴、驱动桥、转向系统、制动系统和行驶系统等部件的功用、组成、维护作业方法。

（5）掌握离合器自由行程的检查与调整、手动变速器润滑油的检查与更换、自动变速器油面高度的检查与调整、万向传动轴的检查、主减速器齿轮啮合印痕的检查与调整、转向盘自由行程的检查与调整、制动踏板自由行程的检查与调整、制动管路内空气的排除、轮胎的检查与换位、轮毂轴承预紧度的检查与调整、车轮定位的检查与调整等技能的正确操作方法。

（6）掌握蓄电池、发电机、车外灯光、车内灯光、空调等部件的功用、组成、维护作业方法。

（7）掌握蓄电池电量检测与更换、发电机皮带张紧度的检查与调整、前照灯发光强度的检测、空调滤清器的更换、制冷剂的加注、润滑油（冷冻油）的加注等技能的正确操作方法。

（8）掌握汽车故障常用的诊断方法、发动机常见故障的现象与排除方法、底盘常见故障的现象与排除方法、电气设备常见故障的现象与排除方法。

（9）掌握发动机不能起动、发动机起动困难、发动机加速不良、发动机怠速过高、发动机过热、发动机异响、离合器发响、离合器打滑、手动变速器发响、传动轴及驱动桥异响、转向操纵困难、制动失效或失准、轮胎异常磨损、蓄电池工作不良、充电系统工作不良、起动机工作不良、灯系工作不正常、仪表工作不正常等常见故障的诊断与排除方法。

二、培训课时安排

总课时数：132 课时

理论知识课时：65 课时

操作技能课时：67课时

具体培训课时分配见培训课时分配总表和培训课时分配详表。

培训课时分配总表

培训内容	理论知识课时	操作技能课时	总课时
第一单元 汽车修理工具的识别与使用	13	14	27
第二单元 汽车发动机的维护	12	12	24
第三单元 汽车底盘的维护	18	19	37
第四单元 汽车电气设备的维护	7	7	14
第五单元 汽车常见故障的诊断	15	15	30
合计	65	67	132

培训课时分配详表

培训内容	理论知识课时	操作技能课时	总课时	培训建议
第一单元 汽车修理工具的识别与使用	13	14	27	重点：汽车修理常用工具（扳手、旋具、手锤、手钳、拉器、钢直尺、卡钳、90°角尺、塞尺、游标卡尺、百分表、千分尺、汽缸压力表、万用表、举升机、解码仪等）的正确、安全使用。尤其是要正确使用涉及人身和汽车安全的设备，如举升机、汽缸压力表等
模块一 扳手的识别与使用	1	1	2	
模块二 旋具的识别与使用	1	1	2	
模块三 手锤和手钳的识别与使用	1	1	2	
模块四 拉器与安装器的识别与使用	1	1	2	
模块五 钢直尺与卡钳的识别与使用	1	1	2	
模块六 角尺与塞尺的识别与使用	1	1	2	

续表

培训内容	理论知识课时	操作技能课时	总课时	培训建议
模块七　游标卡尺的识别与使用	1	1	2	难点：规范、正确、安全地使用各类常用的汽车修理工具 建议：在汽车维修店现场结合修理实例讲解、示范演示为佳，运用启发式和讨论式教学方法
模块八　千分尺的识别与使用	1	1	2	
模块九　百分表的识别与使用	1	1	2	
模块十　汽缸压力表的识别与使用	1	1	2	
模块十一　万用表的识别与使用	1	1	2	
模块十二　举升机的识别与使用	1	1	2	
模块十三　故障诊断仪的识别与使用	1	2	3	
第二单元　汽车发动机的维护	12	12	24	重点：发动机进气系统、冷却系统、润滑系统、配气机构、点火系统、汽油机供油系统、柴油机供油系统、起动系统等部件的功用、组成、维护作业方法 难点：空气滤清器的检查与更换、冷却液的检查与更换、机油滤清器的检查与更换、机油的检查与更换、火花塞的检查与更换、正时带的检查与更换、气门间隙的检查与调整、燃油滤清器的检查与更换、燃油压力的检
模块一　发动机进气系统的维护	1	1	2	
模块二　发动机冷却系统的维护	1	1	2	
模块三　发动机润滑系统的维护	1	1	2	
模块四　发动机配气机构的维护	2	2	4	
模块五　发动机点火系统的维护	2	2	4	

续表

培训内容	理论知识课时	操作技能课时	总课时	培训建议
模块六 汽油发动机供油系统的维护	2	2	4	查、起动机的检查与更换等修理技能的操作方法
模块七 柴油发动机供油系统的维护	2	2	4	建议：先由教师示范规范性操作，学员可2~4人一组，互相练习、评议
模块八 起动系统的维护	1	1	2	
第三单元 汽车底盘的维护	18	19	37	重点：离合器、手动变速器、自动变速器、万向传动轴、驱动桥、转向系统、制动系统和行驶系统等部件的功用、组成、维护作业内容
模块一 离合器的维护	2	2	4	
模块二 手动变速器的维护	3	3	6	
模块三 自动变速器的维护	4	4	8	难点：离合器自由行程的检查与调整、手动变速器润滑油的检查与更换、自动变速器油面高度检查与调整、万向传动轴的检查、主减速器齿轮啮合印痕的检查与调整、转向盘自由行程的检查与调整、制动踏板自由行程的检查与调整、制动管路内空气的排除、轮胎的检查与换位、轮毂轴承预紧度的检查与调整、车轮定位的检查与调整等修理技能操作方法
模块四 万向传动轴的维护	2	2	4	
模块五 驱动桥的维护	2	2	4	
模块六 转向系统的维护	2	2	4	
模块七 制动系统的维护	2	2	4	
模块八 行驶系统的维护	1	2	3	建议：先由教师示范规范性操作，学员可2~4人一组，互相练习、评议

续表

培训内容	理论知识课时	操作技能课时	总课时	培训建议
第四单元　汽车电气设备的维护	7	7	14	重点：蓄电池、发电机、车外灯光、车内灯光、空调等部件的功用、组成、维护作业内容
模块一　供电系统的维护	2	2	4	难点：蓄电池电量的检测与更换、发电机皮带张紧度的检查与调整、前照灯发光强度的检测、空调滤清器的更换、制冷剂的加注、润滑油（冷冻油）的加注等修理技能的操作方法
模块二　灯光系统的维护	2	2	4	
模块三　空调系统的维护	3	3	6	建议：先由教师示范规范性操作，学员可2~4人一组，互相练习、评议
第五单元　汽车常见故障的诊断	15	15	30	重点：汽车故障常用的诊断方法、发动机常见故障的现象与排除方法、底盘常见故障的现象与排除方法、电气设备常见故障的现象与排除方法
模块一　汽车故障的诊断方法	2	2	4	难点：发动机不能起动、发动机起动困难、发动机加速不良、发动机怠速过高、发动机过热、发动机异响、离合器发响、离合器打滑、手动变速器发响、传动轴与驱动桥异响、转向操纵困难、制动失效或失准、轮胎
模块二　汽车发动机常见故障的诊断	4	4	8	

208

续表

培训内容	理论知识课时	操作技能课时	总课时	培训建议
模块三 汽车底盘常见故障的诊断	5	5	10	异常磨损、蓄电池工作不良、充电系统工作不良、起动机工作不良、灯系工作不正常、仪表工作不正常等故障的诊断方法 建议：先由教师示范规范性操作，学员可2~4人一组，互相练习、评议
模块四 汽车电气设备常见故障的诊断	4	4	8	
合计	65	67	132	

参考文献

[1] 陈才连,邓宏霞. 汽车电气设备维修实训(第二版). 北京：人民交通出版社,2017

[2] 陈宇游. 汽车维护与保养. 成都：西南交通大学出版社,2016

[3] 李东江. 汽车二级维护. 南京：江苏教育出版社,2009

[4] 鲁植雄. 二手车鉴定评估师(基础知识)(第2版). 北京：中国劳动社会保障出版社,2016

[5] 鲁植雄. 汽车安全驾驶与维护图解(第二版). 北京：中国农业出版社,2010

[6] 鲁植雄. 汽车常见故障诊断排除图解(第二版). 北京：中国农业出版社,2010

[7] 鲁植雄. 汽车空调故障诊断图解(第3版). 南京：江苏科学技术出版社,2014

[8] 鲁植雄. 汽车巧用速修一点通. 北京：中国农业出版社,2011

[9] 谭本忠. 汽车维护与保养图解教程(第2版). 北京：机械工业出版社,2017

[10] 朱军,汪胜国,陆志琴. 汽车维修基础技能实训教材(第二版). 北京：人民交通出版社,2016

[11] 杨建良. 整车维护. 南京：江苏教育出版社,2011

[12] 朱方新. 汽车发动机构造与维修. 南京：江苏教育出版社,2011